CARRÉS CLASSIQUES

Collection LYCÉE dirigée par
Sophie Pailloux-Riggi
Agrégée de Lettres modernes

Jean Giraudoux

La guerre de Troie n'aura pas lieu

1935

texte intégral

Édition présentée par
Anne Mathevon
Agrégée de Lettres classiques

Nathan

sommaire

Contextes

Lire *La guerre de Troie n'aura pas lieu*

Relire *La guerre de Troie n'aura pas lieu*

ISBN 978 209 189261-0

sommaire

Qui est Jean Giraudoux en 1935 ?

Une énigme ?

Les jugements caricaturaux sur Jean Giraudoux sont nombreux. On a souvent parlé de son style plein de fantaisie, on a bien voulu lui reconnaître une forme de virtuosité et d'humour, mais on a négligé de voir en ses écrits une certaine vision du monde, pourtant assez piquante. Il faudrait donc relire Giraudoux !

> *« Un homme pudique et secret. »*

Il est difficile d'évoquer la vie de Jean Giraudoux, qui s'est très peu livré. « L'homme était très secret [...]. Il entendait qu'on le traitât comme il avait traité Racine, sans considération biographique », écrivait le critique Jacques Body. Cependant, Giraudoux fut étroitement lié à son époque qu'il traversa de 1882 – date de sa naissance à Bellac, petite bourgade du Limousin qu'il considérait comme un paradis – jusqu'en 1944, où il mourut victime d'une intoxication alimentaire.

L'homme public

Par son métier de diplomate, Jean Giraudoux est d'abord un homme marqué par la politique de son temps. Sa carrière est ponctuée d'importantes nominations. Mais il a également connu la disgrâce. En 1927, il est relégué dans une annexe du ministère des Affaires Étrangères pour avoir soutenu la politique pacifiste d'Aristide Briand, avec Berthelot, contre la France revancharde de Raymond Poincaré (voir p. 6-7).
Contrairement à ce que l'on croit souvent, Giraudoux n'a jamais eu de poste officiel au sein du gouvernement de Vichy, même s'il garde une certaine confiance en Pétain, qui reste pour lui le vainqueur de la bataille de Verdun, en 1916. De fait, après la signature de l'armistice en 1940, Giraudoux se retire de la politique.

L'expérience fondatrice de la guerre

Par ailleurs, c'est un homme marqué par sa mobilisation pendant la Première Guerre mondiale. Grand connaisseur de la culture allemande, à laquelle il a été sensibilisé pendant ses études à l'École Normale Supérieure, il doit se battre contre un peuple qu'il admire ! Soldat courageux, blessé deux fois, il est démobilisé, puis fait

chevalier de la Légion d'honneur. Il reprend alors ses fonctions diplomatiques.
Comme tous ceux de sa génération, celle de la Troisième République, Giraudoux a été nourri, enfant, aux écrits exaltant les vertus patriotiques. C'est pourquoi il semble partagé entre une forme de vocation pour défendre son pays et un dégoût profond pour la violence et l'horreur des combats, dégoût qu'il développe surtout dans les années 1930. Après avoir justifié ou du moins accepté la guerre, il la condamne. C'est cette condamnation que l'on retrouve dans *La Guerre de Troie n'aura pas lieu*.

L'écrivain multiple

Jean Giraudoux est enfin un homme de lettres doté d'une solide culture classique et ouvert sur son temps : il a ainsi écrit des essais sur la littérature, mais aussi sur la politique, le sport et l'urbanisme. Il est principalement connu aujourd'hui pour ses pièces de théâtre. Cependant, lorsqu'il commence à écrire du théâtre, il a déjà signé plusieurs romans, notamment *Siegfried et le Limousin* en 1922. C'est justement ce roman que Giraudoux décide d'adapter au théâtre et pour lequel il recherche un metteur en scène intéressé par son projet : Giraudoux rencontre alors Louis Jouvet en 1928. Ensemble, ils montent donc *Siegfried* qui sonne comme un acte politique pour le parti de la paix. La collaboration avec Jouvet sera longue et fructueuse : *Amphitryon 38* en 1929, *Judith* en 1931, *Intermezzo* en 1933, puis des pièces penchant vers le tragique, la gravité, le pessimisme, l'angoisse et développant un aspect prophétique comme *La Guerre de Troie n'aura pas lieu* en 1935, *Électre* en 1937, *Ondine* en 1939. La plus pessimiste de ses pièces, *Sodome et Gomorrhe* sera montée sans Jouvet en 1938. Ses dernières pièces : *L'Apollon de Bellac* et *La Folle de Chaillot* seront mises en scène après sa mort.

« *Une légèreté illusoire.* »

Qui est vraiment Jean Giraudoux ? Pour reprendre les termes de Jacques Body : « Giraudoux n'était pas un homme simple, ni un écrivain clair. Sa transparence est illusoire. Sa légèreté aussi. » ■

Les illusions de la paix

Une paix possible ?

En 1918, la Première Guerre mondiale laisse une France exsangue (plus d'un million de morts). Il faut tâcher de maintenir la paix car personne ne veut revivre la boucherie de 1914-1918. Mais on veut que l'Allemagne paie ! Le traité de Versailles (1919) fixe les frontières, limite l'ampleur de l'armée allemande – présence interdite en Rhénanie – et impose de lourdes amendes à l'Allemagne. Après Aristide Briand qui plaide pour un rapprochement franco-allemand, c'est Raymond Poincaré, nationaliste beaucoup plus ferme à l'égard de l'Allemagne, qui prend la tête du gouvernement en 1922. Aristide Briand revient au pouvoir en 1924. On comprend, grâce à ses écrits, que Giraudoux soutient Briand, et non Poincaré, et qu'il rêve d'un rapprochement franco-allemand ainsi que d'une Europe réconciliée et pacifiée. Cette prise de position est assez originale et audacieuse à une époque où de nombreux hommes politiques pensent que l'Allemagne doit payer.

« Giraudoux soutient Briand. »

Le 6 octobre 1925, à la suite de la conférence de Locarno, les accords du même nom révisent le traité de Versailles dans un processus de pacification. L'Allemagne entre dans la Société Des Nations (1926) ; la paix semble être assurée. D'ailleurs, le prix Nobel de la paix (1926) est attribué aux ministres des Affaires Étrangères français et allemand Aristide Briand et Gustav Stresemann.

Des mouvements pacifistes apparaissent, soutenus par Giraudoux, très préoccupé par la question franco-allemande.

Vers un nouveau conflit

Les années 1919-1920 sont marquées en France par une crise financière importante. Par ailleurs, la xénophobie est alimentée par l'arrivée d'une main-d'œuvre étrangère massive. Plus largement en Europe, la crise de 1929 fait des ravages et provoque la montée des fascismes et des nationalismes, elle accentue aussi l'antisémitisme.

Après l'arrivée au pouvoir de Mussolini en Italie en 1922, c'est Hitler qui est élu en Allemagne en 1933. Hitler rétablit le service militaire obligatoire, fait voter les lois racistes de Nuremberg (1935) et envoie les troupes allemandes en Rhénanie. Le 11 avril 1935, à Stresa, sur les bords du lac Majeur, Pierre Laval, président du Conseil, et Stanley Baldwin, Premier ministre britannique, rencontrent Mussolini pour s'entretenir de la violation du traité de Versailles par l'Allemagne et pour obtenir une alliance. La conférence est un échec. En 1936, Mussolini envahit l'Éthiopie, rompant ainsi tout espoir d'entente.

Giraudoux rédige *La Guerre de Troie n'aura pas lieu* pendant la période de la crise éthiopienne. Il est marqué, comme ses contemporains, par la perte de confiance en une paix durable. Cette impuissance devant « la montée des périls » (pour reprendre le titre d'un texte de Jules Romains), *La Guerre de Troie n'aura pas lieu* s'en fait l'écho tragique. Après la courte période du Front populaire (1936-1938), après les accords de Munich (septembre 1938) laissant croire une dernière fois à la paix, l'Allemagne envahit la Pologne le 1er septembre 1939 : la guerre est déclarée.

Giraudoux disait : « J'ai conçu mon œuvre comme une chronique de notre temps. » On ne peut pas dissocier ses écrits des événements historiques du début du XXe siècle. Toutefois, lors d'un entretien avec le journaliste Benjamin Crémieux, Giraudoux a aussi déclaré à propos de *La Guerre de Troie n'aura pas lieu* : « Je n'ai pas voulu écrire une pièce d'actualité. J'ai, selon ma coutume, voulu développer un certain nombre d'idées qui me sont chères, et dont l'intérêt me paraît, ne disons pas éternel, mais assez permanent. » Mais selon Jacques Body, « nul ne s'y est trompé – quoique Giraudoux ait prétendu qu'il ne voulait pas écrire une pièce d'actualité – ces Grecs et ces Troyens au bord de la guerre sont aussi bien les Français et les Allemands de 1935. Il y avait alors dans les deux camps des sénateurs chauvins, des poètes bellicistes et des professionnels du discours aux morts. » ■

« Une chronique de notre temps. »

Le théâtre dans les années 1930

« Une collaboration spécialisée, une affection ouvrière »

On ne peut pas lire Giraudoux sans évoquer la figure de Louis Jouvet qui l'a accompagné dans son passage au théâtre dans les années 1930. Jouvet et Giraudoux travaillent ensemble ; Giraudoux écrit vite, son manuscrit est lu à haute voix sur scène et parfois Giraudoux remodèle son texte lors des répétitions, il peut même créer des scènes (par exemple, la scène 5 de l'acte II qui fait intervenir Busiris). Parfois, les répliques ne sont pas attribuées dès le début à un personnage. En réalité, la pensée de Giraudoux évolue au fil des réécritures de son texte. Cette empreinte de Jouvet, Giraudoux l'exprime par une image : « Il se trouve que, du fait de Jouvet et semblable à ces découpures de papier japonais qui ne sont que du papier, moi, qui ne me croyais que du papier, je deviens, dans la piscine jouvetienne, tantôt un chrysanthème, tantôt un glaïeul, et qu'il ne m'est pas interdit d'envisager pour mon proche avenir un épanouissement en lys ou en rose. » (*Littérature*, 1941). Pour Giraudoux, le texte au théâtre est fondamental et il faut des acteurs pour le servir. Il aime les acteurs et les répétitions : « Je connais peu d'opérations aussi attirantes que celle du divin habillage qu'est une répétition », écrit-il.

« Un homme important : Louis Jouvet. »

- **1882** : Naissance de Giraudoux à Bellac
- **1903** : Entrée à l'École Normale Supérieure
- **1905-1906** : Visite de l'Allemagne
- **1910** : Entrée en diplomatie
- **1914** : Mobilisation comme sergent d'infanterie
- **1919** : Secrétaire d'ambassade

Troisième République

- **1914-1918** Première Guerre mondiale
- **1919** : Traité de Versailles

Comment Giraudoux conçoit-il le théâtre ?

Giraudoux et Jouvet veulent rendre au théâtre sa dignité. Ils pensent que, dans ces années 1920-1930 où triomphe le théâtre de boulevard, le théâtre est infidèle à sa véritable mission, qui, pour eux, est littéraire : le texte, la langue et le style sont à leurs yeux primordiaux. À l'opposé de ceux qui reconnaissent la toute-puissance du metteur en scène, Giraudoux et Jouvet pensent que l'essentiel est dans le texte : « Tu en fais trop, mon petit. Dis simplement ton texte, ne le joue pas », disait Jouvet à un comédien. Le style de Giraudoux est là, dans chaque réplique de chaque personnage.

« Rendre sa dignité au théâtre. »

Cet amour du texte et de la littérature se voit également dans les références qui émaillent l'œuvre.

Enfin, en 1931, devant les élèves du lycée de Châteauroux, Giraudoux dit : « Le spectacle est la seule forme d'éducation morale et artistique d'une nation ». Le théâtre peut donc être un outil formateur, et bien plus : il assure le privilège, comme le dit Ulysse, de « voir les catastrophes d'une terrasse » (II, 13, p. 99).

21 – Chef du service des œuvres françaises à l'étranger
1924 – Chef des Services d'information et de presse aux Affaires Étrangères
1928 – Rencontre de Jouvet
1935 – Représentation de *La Guerre de Troie n'aura pas lieu* à l'Athénée
1937 – Représentation d'*Électre* à l'Athénée
1940 – Se retire de la politique
1944 – Mort de Giraudoux

Troisième République

1939-1945
Seconde Guerre mondiale

22 – Poincaré élu en France ; Mussolini en Italie
1924 – Briand au pouvoir en France
1925 – Accords de Locarno
1932 – Assassinat de Paul Doumer
1933 – Hitler élu chancelier en Allemagne

Généalogie des personnages

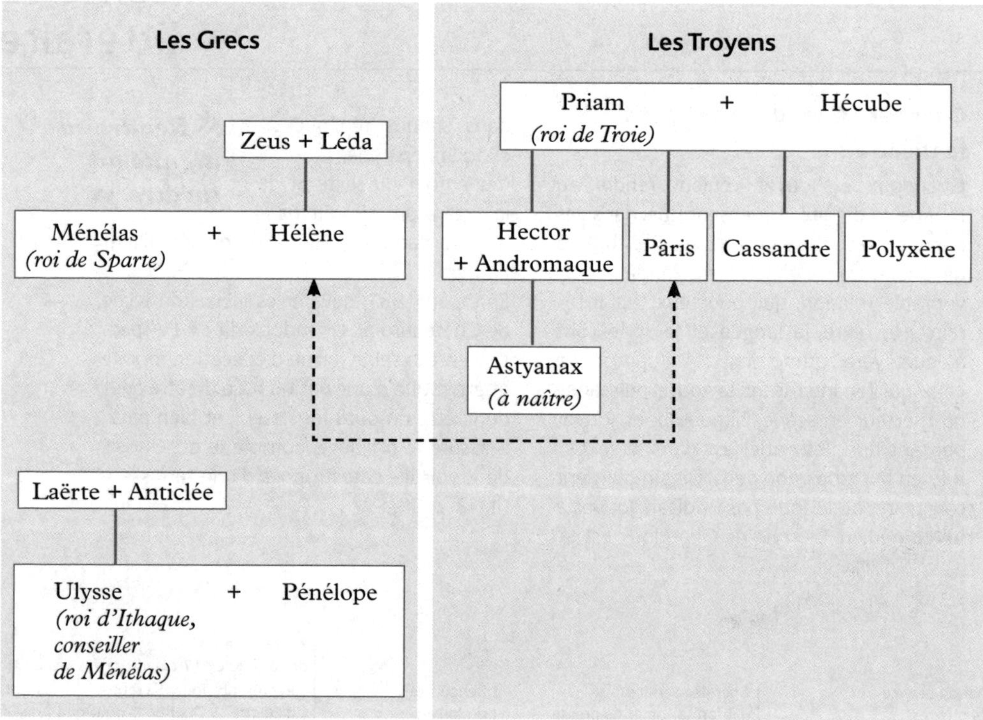

« SOSIE. – *Il s'agit de la paix.*
LE TROMPETTE. – *De quelle paix ?*
SOSIE. – *De ce qu'on appelle la paix, de l'intervalle entre deux guerres !* »

Jean Giraudoux, *Amphitryon 38*, I, 2.

Lire...

La guerre de Troie n'aura pas lieu

1935

Jean Giraudoux

Texte intégral

La guerre de Troie

La Guerre de Troie, première guerre mythique de l'Occident, opposa les Grecs aux Troyens, vers 1200 av. J.-C. On raconte que l'origine de cette guerre fut le rapt de la Grecque Hélène, épouse de Ménélas (roi de Sparte) par Pâris (fils de Priam, roi de Troie). Ce dernier, ayant décerné le premier prix de beauté à Aphrodite, fut récompensé en se voyant promettre Hélène.

Les personnages[1]

ANDROMAQUE
HÉLÈNE
HÉCUBE
CASSANDRE
LA PAIX
IRIS
SERVANTES ET TROYENNES
LA PETITE POLYXÈNE
HECTOR
ULYSSE
DEMOKOS
PRIAM
PÂRIS
OIAX
LE GABIER
LE GÉOMÈTRE
ABNÉOS
TROÏLUS
OLPIDÈS
VIEILLARDS
MESSAGERS

1. Busiris ne figure pas dans la liste des personnages, le comédien devant tenir ce rôle ayant été malade. Le rôle ne fut créé que lors de la reprise de la pièce, en 1937.

Terrasse d'un rempart dominé par une terrasse et dominant d'autres remparts[2].

Scène première

ANDROMAQUE, CASSANDRE[3], UNE JEUNE SERVANTE

ANDROMAQUE. – La guerre de Troie n'aura pas lieu, Cassandre !

CASSANDRE. – Je te tiens un pari, Andromaque.

ANDROMAQUE. – Cet envoyé des Grecs a raison. On va bien le recevoir. On va bien lui envelopper sa petite Hélène, et on la lui rendra.

CASSANDRE. – On va le recevoir grossièrement. On ne lui rendra pas Hélène. Et la guerre de Troie aura lieu[4].

ANDROMAQUE. – Oui, si Hector n'était pas là !... Mais il arrive, Cassandre, il arrive ! Tu entends assez ses trompettes... En cette minute, il entre dans la ville, victorieux. Je pense qu'il aura son mot à dire. Quand il est parti, voilà trois mois, il m'a juré que cette guerre était la dernière[5].

CASSANDRE. – C'était la dernière. La suivante l'attend.

ANDROMAQUE. – Cela ne te fatigue pas de ne voir et de ne prévoir que l'effroyable ?

CASSANDRE. – Je ne vois rien, Andromaque. Je ne prévois rien. Je tiens seulement compte de deux bêtises, celle des hommes et celle des éléments.

ANDROMAQUE. – Pourquoi la guerre aurait-elle lieu ? Pâris ne tient plus à Hélène. Hélène ne tient plus à Pâris.

CASSANDRE. – Il s'agit bien d'eux.

2. Nous sommes à Troie. Cette terrasse peut faire penser aux terrasses sur les bords du lac Majeur où eurent lieu, en 1935, des négociations internationales à propos de la guerre italo-éthiopienne. On y sentait déjà les menaces de la prochaine guerre.
3. Cassandre reçoit le don de prophétie, de la part d'Apollon qui en est d'abord amoureux. Regrettant ce don, ce dernier fait en sorte qu'on la considère comme une folle et qu'on ne croie plus à ses prédictions.
4. La pièce s'ouvre sur l'imminence de la catastrophe. Cassandre fait une prédiction juste.
5. À la fin de la Première Guerre mondiale, on pensait aussi que ce serait la dernière : les soldats en parlaient comme de « la der des ders ».

ANDROMAQUE. – Il s'agit de quoi ?

CASSANDRE. – Pâris ne tient plus à Hélène ! Hélène ne tient plus à Pâris ! Tu as vu le destin s'intéresser à des phrases négatives ?

ANDROMAQUE. – Je ne sais pas ce qu'est le destin.

CASSANDRE. – Je vais te le dire. C'est simplement la forme accélérée du temps. C'est épouvantable.

ANDROMAQUE. – Je ne comprends pas les abstractions.

CASSANDRE. – À ton aise. Ayons recours aux métaphores. Figure-toi un tigre. Tu la comprends, celle-là ? C'est la métaphore pour jeunes filles. Un tigre qui dort[1] ?

ANDROMAQUE. – Laisse-le dormir.

CASSANDRE. – Je ne demande pas mieux. Mais ce sont les affirmations qui l'arrachent à son sommeil. Depuis quelque temps, Troie en est pleine.

ANDROMAQUE. – Pleine de quoi ?

CASSANDRE. – De ces phrases qui affirment que le monde et la direction du monde appartiennent aux hommes en général, et aux Troyens ou Troyennes en particulier...

ANDROMAQUE. – Je ne te comprends pas.

CASSANDRE. – Hector en cette heure rentre dans Troie ?

ANDROMAQUE. – Oui. Hector en cette heure revient à sa femme[2].

CASSANDRE. – Cette femme d'Hector va avoir un enfant[3] ?

ANDROMAQUE. – Oui, je vais avoir un enfant.

CASSANDRE. – Ce ne sont pas des affirmations, tout cela ?

ANDROMAQUE. – Ne me fais pas peur, Cassandre.

UNE JEUNE SERVANTE, *qui passe avec du linge*. – Quel beau jour, maîtresse !

CASSANDRE. – Ah ! oui ? Tu trouves ?

1. Cassandre utilise cette métaphore pour parler du destin, manifestant ainsi à la fois sa grandeur et sa dangerosité. Il y a sans doute un peu d'ironie dans ce propos.
2. Andromaque manifeste bien l'angoisse qui habite les couples en temps de guerre.
3. Il s'agit d'Astyanax.

LA JEUNE SERVANTE, *qui sort.* – Troie touche aujourd'hui son plus beau jour de printemps.

CASSANDRE. – Jusqu'au lavoir qui affirme !

ANDROMAQUE. – Oh ! justement, Cassandre ! Comment peux-tu parler de guerre en un jour pareil ? Le bonheur tombe sur le monde !

CASSANDRE. – Une vraie neige[4].

ANDROMAQUE. – La beauté aussi. Vois ce soleil. Il s'amasse plus de nacre sur les faubourgs de Troie qu'au fond des mers. De toute maison de pêcheur, de tout arbre sort le murmure des coquillages. Si jamais il y a eu une chance de voir les hommes trouver un moyen pour vivre en paix, c'est aujourd'hui... Et pour qu'ils soient modestes... Et pour qu'ils soient immortels...

CASSANDRE. – Oui, les paralytiques qu'on a traînés devant les portes se sentent immortels.

ANDROMAQUE. – Et pour qu'ils soient bons !... Vois ce cavalier de l'avant-garde se baisser sur l'étrier[5] pour caresser un chat dans ce créneau... Nous sommes peut-être aussi au premier jour de l'entente entre l'homme et les bêtes.

CASSANDRE. – Tu parles trop. Le destin s'agite, Andromaque !

ANDROMAQUE. – Il s'agite dans les filles qui n'ont pas de mari[6]. Je ne te crois pas.

CASSANDRE. – Tu as tort. Ah ! Hector rentre dans la gloire chez sa femme adorée !... Il ouvre un œil... Ah ! Les hémiplégiques[7] se croient immortels sur leurs petits bancs !... Il s'étire... Ah ! Il est aujourd'hui une chance pour que la paix s'installe sur le monde !... Il se pourlèche... Et Andromaque va avoir un fils ! Et les cuirassiers se baissent maintenant

4. La neige est une métaphore du bonheur.
5. Anachronisme : les étriers ne sont apparus qu'au Moyen Âge chez les cavaliers hongrois.
6. Cassandre, en effet, n'a pas de mari.
7. Personne paralysée sur une moitié du corps.

sur l'étrier pour caresser les matous dans les créneaux !... Il se met en marche[1] !

ANDROMAQUE. – Tais-toi !

CASSANDRE. – Et il monte sans bruit les escaliers du palais. Il pousse du mufle les portes... Le voilà... Le voilà...

LA VOIX D'HECTOR. – Andromaque !

ANDROMAQUE. – Tu mens !... C'est Hector !

CASSANDRE. – Qui t'a dit autre chose ?

Scène deuxième

ANDROMAQUE, CASSANDRE, HECTOR[2]

ANDROMAQUE. – Hector !

HECTOR. – Andromaque !... *(Ils s'étreignent.)* À toi aussi bonjour, Cassandre ! Appelle-moi Pâris, veux-tu. Le plus vite possible. *(Cassandre s'attarde.)* Tu as quelque chose à me dire ?

ANDROMAQUE. – Ne l'écoute pas !... Quelque catastrophe !

HECTOR. – Parle !

CASSANDRE. – Ta femme porte un enfant.

Scène troisième

ANDROMAQUE, HECTOR

Il l'a prise dans ses bras, l'a amenée au banc de pierre, s'est assis près d'elle. Court silence.

HECTOR. – Ce sera un fils, une fille ?

ANDROMAQUE. – Qu'as-tu voulu créer en l'appelant ?

HECTOR. – Mille garçons... Mille filles...

1. Remarquer que, dans cette réplique, on ne sait plus s'il est question d'Hector ou du tigre.
2. Hector est le mari d'Andromaque ; il revient vainqueur d'une guerre.

ANDROMAQUE. – Pourquoi ? Tu croyais étreindre mille femmes ?... Tu vas être déçu. Ce sera un fils, un seul fils.

HECTOR. – Il y a toutes les chances pour qu'il en soit un... Après les guerres, il naît plus de garçons que de filles.

ANDROMAQUE. – Et avant les guerres ?

HECTOR. – Laissons les guerres, et laissons la guerre... Elle vient de finir. Elle t'a pris un père, un frère, mais ramené un mari.

ANDROMAQUE. – Elle est trop bonne. Elle se rattrapera.

HECTOR. – Calme-toi. Nous ne lui laisserons plus l'occasion. Tout à l'heure, en te quittant, je vais solennellement, sur la place, fermer les portes de la guerre[3]. Elles ne s'ouvriront plus.

ANDROMAQUE. – Ferme-les. Mais elles s'ouvriront[4].

HECTOR. – Tu peux même nous dire le jour !

ANDROMAQUE. – Le jour où les blés seront dorés et pesants, la vigne surchargée, les demeures pleines de couples.

HECTOR. – Et la paix à son comble, sans doute ?

ANDROMAQUE. – Oui. Et mon fils robuste et éclatant.

Hector l'embrasse.

HECTOR. – Ton fils peut être lâche. C'est une sauvegarde.

ANDROMAQUE. – Il ne sera pas lâche. Mais je lui aurai coupé l'index de la main droite.

HECTOR. – Si toutes les mères coupent l'index droit de leur fils, les armées de l'univers se feront la guerre sans index... Et si elles lui coupent la jambe droite, les armées seront unijambistes... Et si elles lui crèvent les yeux, les armées seront aveugles, mais il y aura des armées, et dans la mêlée elles se chercheront le défaut de l'aine, ou la gorge, à tâtons...[5]

ANDROMAQUE. – Je le tuerai plutôt.

3. Anachronisme : il n'y avait pas de portes de la guerre à Troie, ni en Grèce. On les trouvait à Rome au temple de Janus : les portes étaient fermées en temps de paix et ouvertes en temps de guerre.

4. Andromaque n'affiche plus le même optimisme qu'à la scène 1.

5. Hector développe ici une vision apocalyptique de la guerre ; il semble que la guerre ne puisse cesser d'exister tant qu'il y aura des hommes.

HECTOR. – Voilà la vraie solution maternelle des guerres.

ANDROMAQUE. – Ne ris pas. Je peux encore le tuer avant sa naissance.

HECTOR. – Tu ne veux pas le voir une minute, juste une minute ? Après, tu réfléchiras... Voir ton fils ?

ANDROMAQUE. – Le tien seul m'intéresse. C'est parce qu'il est de toi, c'est parce qu'il est toi que j'ai peur. Tu ne peux t'imaginer combien il te ressemble. Dans ce néant où il est encore, il a déjà apporté tout ce que tu as mis dans notre vie courante. Il y a tes tendresses, tes silences. Si tu aimes la guerre, il l'aimera... Aimes-tu la guerre ?

HECTOR. – Pourquoi cette question ?

ANDROMAQUE. – Avoue que certains jours tu l'aimes.

HECTOR. – Si l'on aime ce qui vous délivre de l'espoir, du bonheur, des êtres les plus chers...

ANDROMAQUE. –Tu ne crois pas si bien dire... On l'aime.

HECTOR. – Si l'on se laisse séduire par cette petite délégation que les dieux vous donnent à l'instant du combat...

ANDROMAQUE. – Ah ? Tu te sens un dieu, à l'instant du combat ?

HECTOR. – Très souvent moins qu'un homme... Mais parfois, à certains matins, on se relève du sol allégé, étonné, mué. Le corps, les armes ont un autre poids, sont d'un autre alliage. On est invulnérable. Une tendresse vous envahit, vous submerge, la variété de tendresse des batailles : on est tendre parce qu'on est impitoyable ; ce doit être en effet la tendresse des dieux. On avance vers l'ennemi lentement, presque distraitement, mais tendrement. Et l'on évite aussi d'écraser le scarabée. Et l'on chasse le moustique sans l'abattre. Jamais l'homme n'a plus respecté la vie sur son passage...

ANDROMAQUE. – Puis l'adversaire arrive ?...

HECTOR. – Puis l'adversaire arrive, écumant, terrible. On a pitié de lui, on voit en lui, derrière sa bave et ses yeux blancs, toute l'impuissance et tout le dévouement du pauvre fonctionnaire humain qu'il est, du pauvre mari et gendre, du pauvre cousin germain, du pauvre amateur de raki[1] et d'olives qu'il est. On a de l'amour pour lui. On aime sa verrue sur sa joue, sa taie[2] dans son œil. On l'aime... Mais il insiste... Alors on le tue.

ANDROMAQUE. – Et l'on se penche en dieu sur ce pauvre corps ; mais on n'est pas dieu, on ne rend pas la vie.

HECTOR. – On ne se penche pas. D'autres vous attendent. D'autres avec leur écume et leurs regards de haine. D'autres pleins de famille, d'olives, de paix.

ANDROMAQUE. – Alors on les tue ?

HECTOR. – On les tue. C'est la guerre.

ANDROMAQUE. – Tous, on les tue ?

HECTOR. – Cette fois nous les avons tués tous. À dessein[3]. Parce que leur peuple était vraiment la race de la guerre, parce que c'est par lui que la guerre subsistait et se propageait en Asie. Un seul a échappé.

ANDROMAQUE. – Dans mille ans, tous les hommes seront les fils de celui-là. Sauvetage inutile d'ailleurs... Mon fils aimera la guerre, car tu l'aimes.

HECTOR. – Je crois plutôt que je la hais... Puisque je ne l'aime plus.

ANDROMAQUE. – Comment arrive-t-on à ne plus aimer ce que l'on adorait ? Raconte. Cela m'intéresse.

HECTOR. – Tu sais, quand on a découvert qu'un ami est menteur ? De lui tout sonne faux, alors, même ses vérités... Cela semble étrange à dire, mais la guerre m'avait promis

1. Anachronisme : cette liqueur n'existait pas à l'époque de cette histoire.
2. Tache blanche, opaque, sur la cornée.
3. Volontairement.

la bonté, la générosité, le mépris des bassesses. Je croyais lui devoir mon ardeur et mon goût à vivre, et toi-même... Et jusqu'à cette dernière campagne, pas un ennemi que je n'aie aimé...

ANDROMAQUE. – Tu viens de le dire : on ne tue bien que ce qu'on aime.

HECTOR. – Et tu ne peux savoir comme la gamme de la guerre était accordée pour me faire croire à sa noblesse. Le galop nocturne des chevaux, le bruit de vaisselle à la fois et de soie que fait le régiment d'hoplites[1], se frottant contre votre tente, le cri du faucon au-dessus de la compagnie étendue et aux aguets, tout avait sonné jusque-là si juste, si merveilleusement juste...

ANDROMAQUE. – Et la guerre a sonné faux, cette fois ?

HECTOR. – Pour quelle raison ? Est-ce l'âge ? Est-ce simplement cette fatigue du métier dont parfois l'ébéniste sur son pied de table se trouve tout à coup saisi, qui un matin m'a accablé, au moment où, penché sur un adversaire de mon âge, j'allais l'achever ? Auparavant ceux que j'allais tuer me semblaient le contraire de moi-même. Cette fois j'étais agenouillé sur un miroir. Cette mort que j'allais donner, c'était un petit suicide. Je ne sais ce que fait l'ébéniste dans ce cas, s'il jette sa varlope[2], son vernis, ou s'il continue... J'ai continué. Mais de cette minute, rien n'est demeuré de la résonance parfaite. La lance qui a glissé contre mon bouclier a soudain sonné faux, et le choc du tué contre la terre, et, quelques heures plus tard, l'écroulement des palais. Et la guerre d'ailleurs a vu que j'avais compris. Et elle ne se gênait plus... Les cris des mourants sonnaient faux... J'en suis là.

ANDROMAQUE. – Tout sonnait juste pour les autres.

1. Dans l'Antiquité, soldat grec lourdement armé.
2. Rabot à bois.

HECTOR. – Les autres sont comme moi. L'armée que j'ai ramenée hait la guerre.

ANDROMAQUE. – C'est une armée à mauvaises oreilles.

HECTOR. – Non. Tu ne saurais t'imaginer combien soudain tout a sonné juste pour elle, voilà une heure, à la vue de Troie. Pas un régiment qui ne se soit arrêté d'angoisse à ce concert. Au point que nous n'avons osé entrer durement par les portes, nous nous sommes répandus en groupe autour des murs... C'est la seule tâche digne d'une vraie armée : faire le siège paisible de sa patrie ouverte.

ANDROMAQUE. – Et tu n'as pas compris que c'était là la pire fausseté ! La guerre est dans Troie, Hector ! C'est elle qui vous a reçus aux portes. C'est elle qui me donne à toi ainsi désemparée, et non l'amour.

HECTOR. – Que racontes-tu là ?

ANDROMAQUE. – Ne sais-tu donc pas que Pâris a enlevé Hélène ?

HECTOR. – On vient de me le dire... Et après ?

ANDROMAQUE. – Et que les Grecs la réclament ? Et que leur envoyé arrive aujourd'hui ? Et que si on ne la rend pas, c'est la guerre ?

HECTOR. – Pourquoi ne la rendrait-on pas ? Je la rendrai moi-même.

ANDROMAQUE. – Pâris n'y consentira jamais.

HECTOR. – Pâris m'aura cédé dans quelques minutes. Cassandre me l'amène.

ANDROMAQUE. – Il ne peut te céder. Sa gloire, comme vous dites, l'oblige à ne pas céder. Son amour aussi, comme il dit, peut-être.

HECTOR. – C'est ce que nous allons voir. Cours demander

à Priam s'il peut m'entendre à l'instant, et rassure-toi. Tous ceux des Troyens qui ont fait et peuvent faire la guerre ne veulent pas la guerre.

ANDROMAQUE. – Il reste tous les autres.

CASSANDRE. – Voilà Pâris.

Andromaque disparaît.

Scène quatrième

CASSANDRE, HECTOR, PÂRIS

HECTOR. – Félicitations, Pâris. Tu as bien occupé notre absence.

PÂRIS. – Pas mal. Merci.

HECTOR. – Alors ? Quelle est cette histoire d'Hélène ?

PÂRIS. – Hélène est une très gentille personne. N'est-ce pas, Cassandre ?

CASSANDRE. – Assez gentille.

PÂRIS. – Pourquoi ces réserves, aujourd'hui ? Hier encore tu disais que tu la trouvais très jolie.

CASSANDRE. – Elle est très jolie, mais assez gentille.

PÂRIS. – Elle n'a pas l'air d'une gentille petite gazelle ?

CASSANDRE. – Non.

PÂRIS. – C'est toi-même qui m'as dit qu'elle avait l'air d'une gazelle !

CASSANDRE. – Je m'étais trompée. J'ai revu une gazelle depuis.

HECTOR. – Vous m'ennuyez avec vos gazelles ! Elle ressemble si peu à une femme que cela ?

PÂRIS. – Oh ! Ce n'est pas le type de femme d'ici, évidemment.

CASSANDRE. – Quel est le type de femme d'ici ?

PÂRIS. – Le tien, chère sœur. Un type effroyablement peu distant.

CASSANDRE. – Ta Grecque est distante en amour ?

PÂRIS. – Écoute parler nos vierges !... Tu sais parfaitement ce que je veux dire. J'ai assez des femmes asiatiques[1]. Leurs étreintes sont de la glu, leurs baisers des effractions, leurs paroles de la déglutition. À mesure qu'elles se déshabillent, elles ont l'air de revêtir un vêtement plus chamarré que tous les autres, la nudité, et aussi, avec leurs fards, de vouloir se décalquer sur nous. Et elles se décalquent. Bref, on est terriblement avec elles...[2] Même au milieu de mes bras, Hélène est loin de moi.

HECTOR. – Très intéressant ! Mais tu crois que cela vaut une guerre, de permettre à Pâris de faire l'amour à distance ?[3]

CASSANDRE. – Avec distance... Il aime les femmes distantes, mais de près.

PÂRIS. – L'absence d'Hélène dans sa présence vaut tout.

HECTOR. – Comment l'as-tu enlevée ? Consentement ou contrainte ?

PÂRIS. – Voyons, Hector ! Tu connais les femmes aussi bien que moi. Elles ne consentent qu'à la contrainte. Mais alors avec enthousiasme.

HECTOR. – À cheval ? Et laissant sous ses fenêtres cet amas de crottin qui est la trace des séducteurs ?

PÂRIS. – C'est une enquête ?

1. Pâris parle des femmes troyennes : leur amour possessif ne lui convient pas.
2. Andromaque, par exemple, manifeste un amour ennuyeux pour Pâris.
3. Hélène apparaît déjà comme un prétexte à cette guerre.

HECTOR. – C'est une enquête. Tâche pour une fois de répondre avec précision. Tu n'as pas insulté la maison conjugale, ni la terre grecque ?

PÂRIS. – L'eau grecque, un peu. Elle se baignait...

CASSANDRE. – Elle est née de l'écume, quoi ! La froideur est née de l'écume, comme Vénus.

HECTOR. – Tu n'as pas couvert la plinthe du palais d'inscriptions ou de dessins offensants, comme tu en es coutumier ? Tu n'as pas lâché le premier sur les échos ce mot qu'ils doivent tous redire en ce moment au mari trompé.

PÂRIS. – Non, Ménélas était nu sur le rivage, occupé à se débarrasser l'orteil d'un crabe. Il a regardé filer mon canot comme si le vent emportait ses vêtements.

HECTOR. – L'air furieux ?

PÂRIS. – Le visage d'un roi que pince un crabe n'a jamais exprimé la béatitude.

HECTOR. – Pas d'autres spectateurs ?

PÂRIS. – Mes gabiers[1].

HECTOR. – Parfait !

PÂRIS. – Pourquoi parfait ? Où veux-tu en venir ?

HECTOR. – Je dis parfait, parce que tu n'as rien commis d'irrémédiable. En somme, puisqu'elle était déshabillée, pas un seul des vêtements d'Hélène, pas un seul de ses objets n'a été insulté. Le corps seul a été souillé. C'est négligeable. Je connais assez les Grecs pour savoir qu'ils tireront une aventure divine et tout à leur honneur, de cette petite reine grecque qui va à la mer, et qui remonte tranquillement après quelques mois de sa plongée, le visage innocent.

CASSANDRE. – Nous garantissons le visage.

PÂRIS. – Tu penses que je vais ramener Hélène à Ménélas ?

1. Marin spécialisé dans les voiles.

HECTOR. – Nous ne t'en demandons pas tant, ni lui... L'envoyé grec s'en charge... Il la repiquera lui-même dans la mer, comme le piqueur de plantes d'eau, à l'endroit désigné. Tu la lui remettras dès ce soir.

PÂRIS. – Je ne sais pas si tu te rends très bien compte de la monstruosité que tu commets, en supposant qu'un homme a devant lui une nuit avec Hélène, et accepte d'y renoncer.

CASSANDRE. – Il te reste un après-midi avec Hélène. Cela fait plus grec.

HECTOR. – N'insiste pas. Nous te connaissons. Ce n'est pas la première séparation que tu acceptes.

PÂRIS. – Mon cher Hector, c'est vrai. Jusqu'ici, j'ai toujours accepté d'assez bon cœur les séparations. La séparation d'avec une femme, fût-ce la plus aimée, comporte un agrément que je sais goûter mieux que personne. La première promenade solitaire dans les rues de la ville au sortir de la dernière étreinte, la vue du premier petit visage de couturière, tout indifférent et tout frais, après le départ de l'amante adorée au nez rougi par les pleurs, le son du premier rire de blanchisseuse ou de fruitière, après les adieux enroués par le désespoir, constituent une jouissance à laquelle je sacrifie bien volontiers les autres... Un seul être vous manque, et tout est repeuplé...[2] Toutes les femmes sont créées à nouveau pour vous, toutes sont à vous, et cela dans la liberté, la dignité, la paix de votre conscience... Oui, tu as bien raison, l'amour comporte des moments vraiment exaltants, ce sont les ruptures... Aussi ne me séparerai-je jamais d'Hélène, car avec elle j'ai l'impression d'avoir rompu avec toutes les autres femmes, et j'ai mille libertés et mille noblesses au lieu d'une.

2. Parodie d'un célèbre vers de Lamartine : « Un seul être vous manque et tout est dépeuplé » (« L'Isolement »).

HECTOR. – Parce qu'elle ne t'aime pas. Tout ce que tu dis le prouve.

PÂRIS. – Si tu veux. Mais je préfère à toutes les passions cette façon dont Hélène ne m'aime pas.

HECTOR. – J'en suis désolé. Mais tu la rendras.

PÂRIS. – Tu n'es pas le maître ici.

HECTOR. – Je suis ton aîné, et le futur maître.

PÂRIS. – Alors commande dans le futur. Pour le présent, j'obéis à notre père.

HECTOR. – Je n'en demande pas davantage ! Tu es d'accord pour que nous nous en remettions au jugement de Priam ?

PÂRIS. – Parfaitement d'accord.

HECTOR. – Tu le jures ? Nous le jurons ?

CASSANDRE. – Méfie-toi, Hector ! Priam est fou d'Hélène. Il livrerait plutôt ses filles.

HECTOR. – Que racontes-tu là ?

PÂRIS. – Pour une fois qu'elle dit le présent au lieu de l'avenir, c'est la vérité.

CASSANDRE. – Et tous nos frères, et tous nos oncles, et tous nos arrière-grands-oncles !... Hélène a une garde d'honneur, qui assemble tous nos vieillards. Regarde. C'est l'heure de sa promenade... Vois aux créneaux toutes ces têtes à barbe blanche... On dirait les cigognes caquetant sur les remparts.

HECTOR. – Beau spectacle. Les barbes sont blanches et les visages rouges.

CASSANDRE. – Oui. C'est la congestion[1]. Ils devraient être à la porte du Scamandre[2], par où entrent nos troupes et la victoire. Non, ils sont aux portes Scées[3], par où sort Hélène.

1. Accumulation de sang dans les vaisseaux d'un organe.
2. Fleuve.
3. Portes de l'ouest de Troie.

HECTOR. – Les voilà qui se penchent tout d'un coup, comme les cigognes quand passe un rat.

CASSANDRE. – C'est Hélène qui passe...

PÂRIS. – Ah oui ?

CASSANDRE. – Elle est sur la seconde terrasse. Elle rajuste sa sandale, debout, prenant bien soin de croiser haut la jambe.

HECTOR. – Incroyable. Tous les vieillards de Troie sont là à la regarder d'en haut.

CASSANDRE. – Non. Les plus malins regardent d'en bas.

CRIS AU-DEHORS. – Vive la Beauté !

HECTOR. – Que crient-ils ?

PÂRIS. – Ils crient : Vive la Beauté !

CASSANDRE. – Je suis de leur avis. Qu'ils meurent vite.

CRIS AU-DEHORS. – Vive Vénus !

HECTOR. – Et maintenant ?

CASSANDRE. – Vive Vénus... Ils ne crient que des phrases sans r, à cause de leur manque de dents... Vive la Beauté... Vive Vénus... Vive Hélène... Ils croient proférer des cris. Ils poussent simplement le mâchonnement à sa plus haute puissance.

HECTOR. – Que vient faire Vénus là-dedans ?

CASSANDRE. – Ils ont imaginé que c'était Vénus qui nous donnait Hélène... Pour récompenser Pâris de lui avoir décerné la pomme à première vue.

HECTOR. – Tu as fait aussi un beau coup ce jour-là !

PÂRIS. – Ce que tu es frère aîné !

La pomme de discorde

Vexée de ne pas avoir été invitée à un mariage, sur l'Olympe, Éris, déesse de la Discorde, jette aux invités une pomme d'or avec la mention : « Pour la plus belle » – c'est la « pomme de discorde ». Trois déesses, Héra, Aphrodite et Athéna, revendiquent alors le fruit. C'est Pâris qui est chargé par Zeus de désigner la gagnante. Il accorde finalement le prix à Aphrodite, qui lui promet l'amour d'Hélène. ■

Pierre-Paul Rubens (1577-1640), *Suzanne et les vieillards* (détail), huile sur toile, Alte Pinakothek, Munich.

Scène cinquième

LES MÊMES, DEUX VIEILLARDS

PREMIER VIEILLARD. – D'en bas, nous la voyons mieux...

SECOND VIEILLARD. – Nous l'avons même bien vue !

PREMIER VIEILLARD. – Mais d'ici elle nous entend mieux. Allez ! Une, deux, trois !

TOUS DEUX. – Vive Hélène !

SECOND VIEILLARD. – C'est un peu fatigant, à notre âge, d'avoir à descendre et à remonter constamment par des escaliers impossibles, selon que nous voulons la voir ou l'acclamer.

PREMIER VIEILLARD. – Veux-tu que nous alternions. Un jour nous l'acclamerons ? Un jour nous la regarderons ?

SECOND VIEILLARD. – Tu es fou, un jour sans bien voir Hélène !... Songe à ce que nous avons vu d'elle aujourd'hui ! Une, deux, trois !

TOUS DEUX. – Vive Hélène !

PREMIER VIEILLARD. – Et maintenant en bas !...

Ils disparaissent en courant.

CASSANDRE. – Et tu les vois, Hector. Je me demande comment vont résister tous ces poumons besogneux[1].

HECTOR. – Notre père ne peut être ainsi.

PÂRIS. – Dis-moi, Hector, avant de nous expliquer devant lui tu pourrais peut-être jeter un coup d'œil sur Hélène.

HECTOR. – Je me moque d'Hélène... Oh ! Père, salut !

Priam est entré, escorté d'Hécube, d'Andromaque, du poète Demokos et d'un autre vieillard. Hécube tient à la main la petite Polyxène.

1. Les vieillards ont des difficultés à respirer.

Scène sixième

HÉCUBE, ANDROMAQUE, CASSANDRE, HECTOR, PÂRIS, DEMOKOS, LA PETITE POLYXÈNE, LE GÉOMÈTRE

PRIAM. – Tu dis ?

HECTOR. – Je dis, père, que nous devons nous précipiter pour fermer les portes de la guerre, les verrouiller, les cadenasser. Il ne faut pas qu'un moucheron puisse passer entre les deux battants !

PRIAM. – Ta phrase m'a paru moins longue.

DEMOKOS. – Il disait qu'il se moquait d'Hélène.

PRIAM. – Penche-toi... *(Hector obéit.)* Tu la vois ?

HÉCUBE. – Mais oui, il la voit. Je me demande qui ne la verrait pas et qui ne l'a pas vue. Elle fait le chemin de ronde.

DEMOKOS. – C'est la ronde de la beauté.

PRIAM. – Tu la vois ?

HECTOR. – Oui... Et après ?

DEMOKOS. – Priam te demande ce que tu vois !

HECTOR. – Je vois une femme qui rajuste sa sandale.

CASSANDRE. – Elle met un certain temps à rajuster sa sandale.

PÂRIS. – Je l'ai emportée nue et sans garde-robe. Ce sont des sandales à toi. Elles sont un peu grandes.

CASSANDRE. – Tout est grand pour les petites femmes.

HECTOR. – Je vois deux fesses charmantes.

HÉCUBE. – Il voit ce que vous tous voyez.

PRIAM. – Mon pauvre enfant !

HECTOR. – Quoi ?

DEMOKOS. – Priam te dit : pauvre enfant !

PRIAM. – Oui, je ne savais pas que la jeunesse de Troie en était là.

HECTOR. – Où en est-elle ?

PRIAM. – À l'ignorance de la beauté.

DEMOKOS. – Et par conséquent de l'amour. Au réalisme, quoi ! Nous autres poètes appelons cela le réalisme.

HECTOR. – Et la vieillesse de Troie en est à la beauté et à l'amour ?

HÉCUBE. – C'est dans l'ordre. Ce ne sont pas ceux qui font l'amour ou ceux qui sont la beauté qui ont à les comprendre.

HECTOR. – C'est très courant, la beauté, père. Je ne fais pas allusion à Hélène, mais elle court les rues.

PRIAM. – Hector, ne sois pas de mauvaise foi. Il t'est bien arrivé dans la vie, à l'aspect d'une femme, de ressentir qu'elle n'était pas seulement elle-même, mais que tout un flux d'idées et de sentiments avait coulé en sa chair et en prenait l'éclat.

DEMOKOS. – Ainsi le rubis personnifie le sang.

HECTOR. – Pas pour ceux qui ont vu du sang. Je sors d'en prendre.

DEMOKOS. – Un symbole, quoi ! Tout guerrier que tu es, tu as bien entendu parler des symboles ! Tu as bien rencontré des femmes qui, d'aussi loin que tu les apercevais, te semblaient personnifier l'intelligence, l'harmonie, la douceur ?

HECTOR. – J'en ai vu.

DEMOKOS. – Que faisais-tu alors ?

HECTOR. – Je m'approchais et c'était fini... Que personnifie celle-là ?

DEMOKOS. – On te le répète, la beauté.

HÉCUBE. – Alors, rendez-la vite aux Grecs, si vous voulez qu'elle vous la personnifie pour longtemps. C'est une blonde.

DEMOKOS. – Impossible de parler avec ces femmes !

HÉCUBE. – Alors ne parlez pas des femmes ! Vous n'êtes guère galants, en tout cas, ni patriotes. Chaque peuple remise son symbole dans sa femme, qu'elle soit camuse[1] ou lippue[2]. Il n'y a que vous pour aller le loger ailleurs.

HECTOR. – Père, mes camarades et moi rentrons harassés. Nous avons pacifié notre continent pour toujours. Nous entendons désormais vivre heureux, nous entendons que nos femmes puissent nous aimer sans angoisse et avoir leurs enfants.

DEMOKOS. – Sages principes, mais jamais la guerre n'a empêché d'accoucher.

HECTOR. – Dis-moi pourquoi nous trouvons la ville transformée, du seul fait d'Hélène ? Dis-moi ce qu'elle nous a apporté, qui vaille une brouille avec les Grecs !

LE GÉOMÈTRE. – Tout le monde te le dira ! Moi je peux te le dire !

HÉCUBE. – Voilà le géomètre !

LE GÉOMÈTRE. – Oui, voilà le géomètre ! Et ne crois pas que les géomètres n'aient pas à s'occuper des femmes ! Ils sont les arpenteurs[3] aussi de votre apparence. Je ne te dirai pas ce qu'ils souffrent, les géomètres, d'une épaisseur de peau en trop à vos cuisses ou d'un bourrelet à votre cou... Eh bien, les géomètres jusqu'à ce jour n'étaient pas satisfaits de cette contrée qui entoure Troie. La ligne d'attache de la plaine aux collines leur semblait molle, la ligne des collines aux montagnes du fil de fer. Or, depuis qu'Hélène est ici, le paysage a pris son sens et sa fermeté. Et, chose

1. Au nez court et plat.
2. Qui a de grosses lèvres.
3. Personne chargée de mesurer la superficie des terres.

particulièrement sensible aux vrais géomètres, il n'y a plus à l'espace et au volume qu'une commune mesure qui est Hélène. C'est la mort de tous ces instruments inventés par les hommes pour rapetisser l'univers. Il n'y a plus de mètres, de grammes, de lieues. Il n'y a plus que le pas d'Hélène, la coudée d'Hélène, la portée du regard ou de la voix d'Hélène, et l'air de son passage est la mesure des vents. Elle est notre baromètre, notre anémomètre[4] ! Voilà ce qu'ils te disent, les géomètres.

HÉCUBE. – Il pleure, l'idiot.

PRIAM. – Mon cher fils, regarde seulement cette foule, et tu comprendras ce qu'est Hélène. Elle est une espèce d'absolution[5]. Elle prouve à tous ces vieillards que tu vois là au guet et qui ont mis des cheveux blancs au fronton de la ville, à celui-là qui a volé, à celui-là qui trafiquait des femmes, à celui-là qui manqua sa vie, qu'ils avaient au fond d'eux-mêmes une revendication secrète, qui était la beauté. Si la beauté avait été près d'eux, aussi près qu'Hélène l'est aujourd'hui, ils n'auraient pas dévalisé leurs amis, ni vendu leurs filles, ni bu leur héritage. Hélène est leur pardon, et leur revanche, et leur avenir.

HECTOR. – L'avenir des vieillards me laisse indifférent.

DEMOKOS. – Hector, je suis poète et juge en poète. Suppose que notre vocabulaire ne soit pas quelquefois touché par la beauté ! Suppose que le mot délice n'existe pas !

HECTOR. – Nous nous en passerions. Je m'en passe déjà. Je ne prononce le mot délice qu'absolument forcé.

DEMOKOS. – Oui, et tu te passerais du mot volupté, sans doute ?

HECTOR. – Si c'était au prix de la guerre qu'il fallût acheter le mot volupté, je m'en passerais.

4. Il y a toute une série d'anachronismes dans cette réplique. Le baromètre mesure la pression atmosphérique, l'anémomètre indique la direction et la vitesse du vent.

5. Pardon des péchés.

DEMOKOS. – C'est au prix de la guerre que tu as trouvé le plus beau, le mot courage.

HECTOR. – C'était bien payé.

HÉCUBE. – Le mot lâcheté a dû être trouvé par la même occasion.

PRIAM. – Mon fils, pourquoi te forces-tu à ne pas nous comprendre ?

HECTOR. – Je vous comprends fort bien. À l'aide d'un quiproquo, en prétendant nous faire battre pour la beauté, vous voulez nous faire battre pour une femme.

PRIAM. – Et tu ne ferais la guerre pour aucune femme ?

HECTOR. – Certainement non !

HÉCUBE. – Et il aurait rudement raison.

CASSANDRE. – S'il n'y en avait qu'une peut-être. Mais ce chiffre est largement dépassé.

DEMOKOS. – Tu ne ferais pas la guerre pour reprendre Andromaque ?

HECTOR. – Andromaque et moi avons déjà convenu de moyens secrets pour échapper à toute prison et nous rejoindre.

DEMOKOS. – Pour vous rejoindre, si tout espoir est perdu ?

ANDROMAQUE. – Pour cela aussi.

HÉCUBE. – Tu as bien fait de les démasquer, Hector. Ils veulent faire la guerre pour une femme, c'est la façon d'aimer des impuissants.

DEMOKOS. – C'est vous donner beaucoup de prix ?

HÉCUBE. – Ah oui ! par exemple !

DEMOKOS. – Permets-moi de ne pas être de ton avis. Le sexe à qui je dois ma mère, je le respecterai jusqu'en ses représentantes les moins dignes.

HÉCUBE. – Nous le savons. Tu l'y as déjà respecté...

Les servantes accourues au bruit de la dispute éclatent de rire.

PRIAM. – Hécube ! Mes filles ! Que signifie cette révolte de gynécée[1] ? Le conseil se demande s'il ne mettra pas la ville en jeu pour l'une d'entre vous ; et vous en êtes humiliées ?

ANDROMAQUE. – Il n'est qu'une humiliation pour la femme, l'injustice.

DEMOKOS. – C'est vraiment pénible de constater que les femmes sont les dernières à savoir ce qu'est la femme.

LA JEUNE SERVANTE, *qui repasse*. – Oh ! là ! là !

HÉCUBE. – Elles le savent parfaitement. Je vais vous le dire, moi, ce qu'est la femme.

DEMOKOS. – Ne les laisse pas parler, Priam. On ne sait jamais ce qu'elles peuvent dire.

HÉCUBE. – Elles peuvent dire la vérité.

PRIAM. – Je n'ai qu'à penser à l'une de vous, mes chéries, pour savoir ce qu'est la femme.

DEMOKOS. – Primo. Elle est le principe de notre énergie. Tu le sais bien, Hector. Les guerriers qui n'ont pas un portrait de femme dans leur sac ne valent rien[2].

CASSANDRE. – De votre orgueil, oui.

HÉCUBE. – De vos vices.

ANDROMAQUE. – C'est un pauvre tas d'incertitude, un pauvre amas de crainte, qui déteste ce qui est lourd, qui adore ce qui est vulgaire et facile.

HECTOR. – Chère Andromaque !

HÉCUBE. – C'est très simple. Voilà cinquante ans que je suis femme et je n'ai jamais pu encore savoir au juste ce que j'étais.

DEMOKOS. – Secundo. Qu'elle le veuille ou non, elle est la

1. Appartement des femmes dans l'Antiquité.
2. Allusion au sac des Poilus de la Première Guerre mondiale.

seule prime du courage... Demandez au moindre soldat. Tuer un homme, c'est mériter une femme.

ANDROMAQUE. – Elle aime les lâches, les libertins. Si Hector était lâche ou libertin, je l'aimerais autant. Je l'aimerais peut-être davantage.

PRIAM. – Ne va pas trop loin, Andromaque. Tu prouverais le contraire de ce que tu veux prouver.

LA PETITE POLYXÈNE. – Elle est gourmande. Elle ment.

DEMOKOS. – Et de ce que représentent dans la vie humaine la fidélité, la pureté, nous n'en parlons pas, hein ?

LA SERVANTE. – Oh ! là ! là !

DEMOKOS. – Que racontes-tu, toi ?

LA SERVANTE. – Je dis : Oh ! là ! là ! Je dis ce que je pense.

LA PETITE POLYXÈNE. – Elle casse ses jouets. Elle leur plonge la tête dans l'eau bouillante.

HÉCUBE. – À mesure que nous vieillissons, nous les femmes, nous voyons clairement ce qu'ont été les hommes, des hypocrites, des vantards, des boucs. À mesure que les hommes vieillissent, ils nous parent de toutes les perfections. Il n'est pas un souillon accolé derrière un mur qui ne se transforme dans vos souvenirs en créature d'amour.

PRIAM. – Tu m'as trompé, toi ?

HÉCUBE. – Avec toi-même seulement, mais cent fois.

DEMOKOS. – Andromaque a trompé Hector ?

HÉCUBE. – Laisse donc Andromaque tranquille. Elle n'a rien à voir dans les histoires de femme.

ANDROMAQUE. – Si Hector n'était pas mon mari, je le tromperais avec lui-même. S'il était un pêcheur pied bot[1], bancal, j'irais le poursuivre jusque dans sa cabane. Je m'étendrais dans les écailles d'huîtres et les algues. J'aurais de lui un fils adultère.

1. Difforme.

LA PETITE POLYXÈNE. – Elle s'amuse à ne pas dormir la nuit, tout en fermant les yeux.

HÉCUBE, *à Polyxène*. – Oui, tu peux en parler, toi ! C'est épouvantable ! Que je t'y reprenne !

LA SERVANTE. – Il n'y a pire que l'homme. Mais celui-là !

DEMOKOS. – Et tant pis si la femme nous trompe ! Tant pis si elle-même méprise sa dignité et sa valeur. Puisqu'elle n'est pas capable de maintenir en elle cette forme idéale qui la maintient rigide et écarte les rides de l'âme, c'est à nous de le faire...

LA SERVANTE. – Ah ! le bel embauchoir[2] !

PÂRIS. – Il n'y a qu'une chose qu'elles oublient de dire : qu'elles ne sont pas jalouses.

PRIAM. – Chères filles, votre révolte même prouve que nous avons raison. Est-il une plus grande générosité que celle qui vous pousse à vous battre en ce moment pour la paix, la paix qui donnera des maris veules[3], inoccupés, fuyants, quand la guerre vous fera d'eux des hommes !...

DEMOKOS. – Des héros.

HÉCUBE. – Nous connaissons le vocabulaire[4]. L'homme en temps de guerre s'appelle le héros. Il peut ne pas en être plus brave, et fuir à toutes jambes. Mais c'est du moins un héros qui détale.

ANDROMAQUE. – Mon père, je vous en supplie. Si vous avez cette amitié pour les femmes, écoutez ce que toutes les femmes du monde vous disent par ma voix. Laissez-nous nos maris comme ils sont. Pour qu'ils gardent leur agilité et leur courage, les dieux ont créé autour d'eux tant d'entraîneurs vivants ou non vivants ! Quand ce ne serait que l'orage ! Quand ce ne serait que les bêtes ! Aussi longtemps qu'il y aura des loups, des éléphants, des onces[5], l'homme

2. Forme de bois, munie d'un ressort, que l'on introduit dans une chaussure pour la tendre. La servante veut sans doute faire une plaisanterie grivoise.
3. Faible.
4. Hécube évoque le vocabulaire des partisans de la guerre et des propagandistes de l'époque de Giraudoux.
5. Espèce de grand chat d'Asie et d'Afrique.

aura mieux que l'homme comme émule[1] et comme adversaire. Tous ces grands oiseaux qui volent autour de nous, ces lièvres dont nous les femmes confondons le poil avec les bruyères, sont de plus sûrs garants de la vue perçante de nos maris que l'autre cible, que le cœur de l'ennemi emprisonné dans sa cuirasse. Chaque fois que j'ai vu tuer un cerf ou un aigle, je l'ai remercié. Je savais qu'il mourait pour Hector. Pourquoi voulez-vous que je doive Hector à la mort d'autres hommes ?

PRIAM. – Je ne le veux pas, ma petite chérie. Mais savez-vous pourquoi vous êtes là, toutes si belles et si vaillantes ? C'est parce que vos maris et vos pères et vos aïeux furent des guerriers. S'ils avaient été paresseux aux armes, s'ils n'avaient pas su que cette occupation terne et stupide qu'est la vie se justifie soudain et s'illumine par le mépris que les hommes ont d'elle, c'est vous qui seriez lâches et réclameriez la guerre. Il n'y a pas deux façons de se rendre immortel ici-bas, c'est d'oublier qu'on est mortel.

ANDROMAQUE. – Oh ! justement, père, vous le savez bien ! Ce sont les braves[2] qui meurent à la guerre. Pour ne pas y être tué, il faut un grand hasard ou une grande habileté. Il faut avoir courbé la tête, ou s'être agenouillé au moins une fois devant le danger. Les soldats qui défilent sous les arcs de triomphe[3] sont ceux qui ont déserté la mort. Comment un pays pourrait-il gagner dans son honneur et dans sa force en les perdant tous les deux ?

PRIAM. – Ma fille, la première lâcheté est la première ride d'un peuple.

ANDROMAQUE. – Où est la pire lâcheté ? Paraître lâche vis-à-vis des autres, et assurer la paix ? Ou être lâche vis-à-vis de soi-même et provoquer la guerre ?

1. Rival.
2. Courageux.
3. Anachronisme : les arcs de triomphe n'existaient pas à l'époque de la guerre de Troie. Ils ont été érigés par les empereurs romains pour célébrer les victoires.

DEMOKOS. – La lâcheté est de ne pas préférer à toute mort la mort pour son pays.

HÉCUBE. – J'attendais la poésie à ce tournant. Elle n'en manque pas une.

ANDROMAQUE. – On meurt toujours pour son pays ! Quand on a vécu en lui digne, actif, sage, c'est pour lui aussi qu'on meurt. Les tués ne sont pas tranquilles sous la terre, Priam. Ils ne se fondent pas en elle pour le repos et l'aménagement éternel. Ils ne deviennent pas sa glèbe[4], sa chair. Quand on retrouve dans le sol une ossature humaine, il y a toujours une épée près d'elle. C'est un os de la terre, un os stérile. C'est un guerrier[5].

HÉCUBE. – Ou alors que les vieillards soient les seuls guerriers. Tout pays est le pays de la jeunesse. Il meurt quand la jeunesse meurt.

DEMOKOS. – Vous nous ennuyez avec votre jeunesse. Elle sera la vieillesse dans trente ans.

CASSANDRE. – Erreur.

HÉCUBE. – Erreur ! Quand l'homme adulte touche à ses quarante ans, on lui substitue un vieillard. Lui disparaît. Il n'y a que des rapports d'apparence entre les deux. Rien de l'un ne continue en l'autre.

DEMOKOS. – Le souci de ma gloire a continué, Hécube.

HÉCUBE. – C'est vrai. Et les rhumatismes...

Nouveaux éclats de rire des servantes.

HECTOR. – Et tu écoutes cela sans mot dire, Pâris ! Et il ne te vient pas à l'esprit de sacrifier une aventure pour nous sauver d'années de discorde et de massacre ?

PÂRIS. – Que veux-tu que je te dise ! Mon cas est international[6].

4. Sol en culture.
5. Allusion aux soldats recouverts par la terre lors des tirs d'obus pendant la Première Guerre mondiale.
6. Allusion à une guerre mondiale.

HECTOR. – Aimes-tu vraiment Hélène, Pâris ?

CASSANDRE. – Ils sont le symbole de l'amour. Ils n'ont même plus à s'aimer.

PÂRIS. – J'adore Hélène.

CASSANDRE, *au rempart*. – La voilà, Hélène.

HECTOR. – Si je la convaincs de s'embarquer, tu acceptes ?

PÂRIS. – J'accepte, oui.

HECTOR. – Père, si Hélène consent à repartir pour la Grèce, vous la retiendrez de force ?

PRIAM. – Pourquoi mettre en question l'impossible ?

HÉCUBE. – Et pourquoi l'impossible ? Si les femmes sont le quart de ce que vous prétendez, Hélène partira d'elle-même.

PÂRIS. – Père, c'est moi qui vous en prie. Vous les voyez et entendez. Cette tribu royale, dès qu'il est question d'Hélène, devient aussitôt un assemblage de belle-mère, de belles-sœurs, et de beau-père digne de la meilleure bourgeoisie[1]. Je ne connais pas d'emploi plus humiliant dans une famille nombreuse que le rôle du fils séducteur. J'en ai assez de leurs insinuations. J'accepte le défi d'Hector.

DEMOKOS. – Hélène n'est pas à toi seul, Pâris. Elle est à la ville. Elle est au pays.

LE GÉOMÈTRE. – Elle est au paysage.

HÉCUBE. – Tais-toi, géomètre.

CASSANDRE. – La voilà, Hélène...

HECTOR. – Père, je vous le demande. Laissez-moi ce recours. Écoutez... On nous appelle pour la cérémonie. Laissez-moi et je vous rejoins.

PRIAM. – Vraiment, tu acceptes, Pâris ?

PÂRIS. – Je vous en conjure.

1. Anachronisme : il n'y a pas de bourgeoisie à l'époque antique.

PRIAM. – Soit. Venez, mes enfants. Allons préparer les portes de la guerre.

CASSANDRE. – Pauvres portes. Il faut plus d'huile pour les fermer que pour les ouvrir.

Priam et sa suite s'éloignent. Demokos est resté.

HECTOR. – Qu'attends-tu là ?

DEMOKOS. – Mes transes[2].

HECTOR. – Tu dis ?

DEMOKOS. – Chaque fois qu'Hélène apparaît, l'inspiration me saisit. Je délire, j'écume et j'improvise. Ciel, la voilà !

Il déclame.

Belle Hélène, Hélène de Sparte,
À gorge douce, à noble chef.
Les dieux nous gardent que tu partes,
Vers ton Ménélas derechef !

HECTOR. – Tu as fini de terminer tes vers avec ces coups de marteau[3] qui nous enfoncent le crâne.

DEMOKOS. – C'est une invention à moi. J'obtiens des effets bien plus surprenants encore. Écoute :

Viens sans peur au-devant d'Hector,
La gloire et l'effroi du Scamandre !
Tu as raison et lui as tort...
Car il est dur et tu es tendre...

HECTOR. – File !

DEMOKOS. – Qu'as-tu à me regarder ainsi ? Tu as l'air de détester autant la poésie que la guerre.

HECTOR. – Va ! Ce sont les deux sœurs !

Le poète disparaît.

CASSANDRE, *annonçant.* – Hélène !

2. État second dans lequel l'inspiration divine plaçait le poète antique.
3. Ces coups de marteau sont les rimes. Anachronisme car la poésie grecque n'est pas rimée.

Scène septième

HÉLÈNE, PÂRIS, HECTOR

PÂRIS. – Hélène chérie, voici Hector. Il a des projets sur toi, des projets tout simples. Il veut te rendre aux Grecs et te prouver que tu ne m'aimes pas... Dis-moi que tu m'aimes, avant que je te laisse avec lui... Dis-le-moi comme tu le penses.

HÉLÈNE. – Je t'adore, chéri.

PÂRIS. – Dis-moi qu'elle était belle, la vague qui t'emporta de Grèce !

HÉLÈNE. – Magnifique ! Une vague magnifique !... Où as-tu vu une vague ? La mer était si calme...

PÂRIS. – Dis-moi que tu hais Ménélas...

HÉLÈNE. – Ménélas ? Je le hais.

PÂRIS. – Tu n'as pas fini... Je ne retournerai jamais en Grèce. Répète.

HÉLÈNE. – Tu ne retourneras jamais en Grèce.

PÂRIS. – Non, c'est de toi qu'il s'agit.

HÉLÈNE. – Bien sûr ! Que je suis sotte !... Jamais je ne retournerai en Grèce.

PÂRIS. – Je ne le lui fais pas dire... À toi maintenant.

Il s'en va.

Scène huitième

HÉLÈNE, HECTOR

HECTOR. – C'est beau, la Grèce ?

HÉLÈNE. – Pâris l'a trouvée belle.

HECTOR. – Je vous demande si c'est beau la Grèce, sans Hélène.

HÉLÈNE. – Merci pour Hélène.

HECTOR. – Enfin, comment est-ce, depuis qu'on en parle ?

HÉLÈNE. – C'est beaucoup de rois et de chèvres éparpillés sur du marbre.

HECTOR. – Si les rois sont dorés et les chèvres angora, cela ne doit pas être mal au soleil levant.

HÉLÈNE. – Je me lève tard.

HECTOR. – Des dieux aussi, en quantité ? Pâris dit que le ciel en grouille, que des jambes de déesses en pendent.

HÉLÈNE. – Pâris va toujours le nez levé. Il peut les avoir vues.

HECTOR. – Vous, non ?

HÉLÈNE. – Je ne suis pas douée. Je n'ai jamais pu voir un poisson dans la mer. Je regarderai mieux quand j'y retournerai.

HECTOR. – Vous venez de dire à Pâris que vous n'y retourneriez jamais.

HÉLÈNE. – Il m'a priée de le dire. J'adore obéir à Pâris.

HECTOR. – Je vois. C'est comme pour Ménélas. Vous ne le haïssez pas ?

HÉLÈNE. – Pourquoi le haïrais-je ?

HECTOR. – Pour la seule raison qui fasse vraiment haïr. Vous l'avez trop vu.

HÉLÈNE. – Ménélas ? Oh ! non ! Je n'ai jamais bien vu Ménélas, ce qui s'appelle vu. Au contraire.

HECTOR. – Votre mari ?

HÉLÈNE. – Entre les objets et les êtres, certains sont colorés pour moi. Ceux-là je les vois. Je crois en eux. Je n'ai jamais bien pu voir Ménélas.

HECTOR. – Il a dû pourtant s'approcher très près.

HÉLÈNE. – J'ai pu le toucher. Je ne peux pas dire que je l'ai vu.

HECTOR. – On dit qu'il ne vous quittait pas.

HÉLÈNE. – Évidemment. J'ai dû le traverser bien des fois sans m'en douter.

HECTOR. – Tandis que vous avez vu Pâris ?

HÉLÈNE. – Sur le ciel, sur le sol, comme une découpure.

HECTOR. – Il s'y découpe encore. Regardez-le, là-bas, adossé au rempart.

HÉLÈNE. – Vous êtes sûr que c'est Pâris, là-bas ?

HECTOR. – C'est lui qui vous attend.

HÉLÈNE. – Tiens ! Il est beaucoup moins net !

HECTOR. – Le mur est cependant passé à la chaux fraîche. Tenez, le voilà de profil !

HÉLÈNE. – C'est curieux comme ceux qui vous attendent se découpent moins bien que ceux que l'on attend !

HECTOR. – Vous êtes sûre qu'il vous aime, Pâris ?

HÉLÈNE. – Je n'aime pas beaucoup connaître les sentiments des autres. Rien ne gêne comme cela. C'est comme au jeu quand on voit dans le jeu de l'adversaire. On est sûr de perdre.

HECTOR. – Et vous, vous l'aimez ?

HÉLÈNE. – Je n'aime pas beaucoup connaître non plus mes propres sentiments.

HECTOR. – Voyons ! Quand vous venez d'aimer Pâris, qu'il s'assoupit dans vos bras, quand vous êtes encore ceinturée par Pâris, comblée par Pâris, vous n'avez aucune pensée ?

HÉLÈNE. – Mon rôle est fini. Je laisse l'univers penser à ma place. Cela, il le fait mieux que moi.

HECTOR. – Mais le plaisir vous rattache bien à quelqu'un, aux autres ou à vous-même.
HÉLÈNE. – Je connais surtout le plaisir des autres... Il m'éloigne des deux...
HECTOR. – Il y a eu beaucoup de ces autres, avant Pâris ?
HÉLÈNE. – Quelques-uns.
HECTOR. – Et il y en aura d'autres après lui, n'est-ce pas, pourvu qu'ils se découpent sur l'horizon, sur le mur ou sur le drap ? C'est bien ce que je supposais. Vous n'aimez pas Pâris, Hélène. Vous aimez les hommes !
HÉLÈNE. – Je ne les déteste pas. C'est agréable de les frotter contre soi comme de grands savons. On en est toute pure...
HECTOR. – Cassandre ! Cassandre !

Scène neuvième

HÉLÈNE, CASSANDRE, HECTOR

CASSANDRE. – Qu'y a-t-il ?
HECTOR. – Tu me fais rire. Ce sont toujours les devineresses qui questionnent.
CASSANDRE. – Pourquoi m'appelles-tu ?
HECTOR. – Cassandre, Hélène repart ce soir avec l'envoyé grec.
HÉLÈNE. – Moi ? Que contez-vous là ?
HECTOR. – Vous ne venez pas de me dire que vous n'aimez pas très particulièrement Pâris ?
HÉLÈNE. – Vous interprétez. Enfin, si vous voulez.
HECTOR. – Je cite mes auteurs. Que vous aimez surtout frotter les hommes contre vous comme de grands savons ?

HÉLÈNE. – Oui. Ou de la pierre ponce[1], si vous aimez mieux. Et alors ?

HECTOR. – Et alors, entre ce retour vers la Grèce qui ne vous déplaît pas, et une catastrophe aussi redoutable que la guerre, vous hésiteriez à choisir ?

HÉLÈNE. – Vous ne me comprenez pas du tout, Hector. Je n'hésite pas à choisir. Ce serait trop facile de dire : je fais ceci, ou je fais cela, pour que ceci ou cela se fît. Vous avez découvert que je suis faible. Vous en êtes tout joyeux. L'homme qui découvre la faiblesse dans une femme, c'est le chasseur à midi qui découvre une source. Il s'en abreuve. Mais n'allez pourtant pas croire, parce que vous avez convaincu la plus faible des femmes, que vous avez convaincu l'avenir. Ce n'est pas en manœuvrant des enfants qu'on détermine le destin...

HECTOR. – Les subtilités et les riens grecs m'échappent.

HÉLÈNE. – Il ne s'agit pas de subtilités et de riens. Il s'agit au moins de monstres et de pyramides.

HECTOR. – Choisissez-vous le départ, oui ou non ?

HÉLÈNE. – Ne me brusquez pas... Je choisis les événements comme je choisis les objets et les hommes. Je choisis ceux qui ne sont pas pour moi des ombres. Je choisis ceux que je vois.

HECTOR. – Je sais, vous l'avez dit : ceux que vous voyez colorés. Et vous ne vous voyez pas rentrant dans quelques jours au palais de Ménélas ?

HÉLÈNE. – Non. Difficilement.

HECTOR. – On peut habiller votre mari très brillant pour ce retour.

HÉLÈNE. – Toute la pourpre[2] de toutes les coquilles ne me le rendrait pas visible.

1. Roche servant au polissage et au nettoyage.
2. Matière colorante d'un rouge foncé que les Anciens tiraient d'un coquillage.

HECTOR. – Voici ta concurrente, Cassandre. Celle-là aussi lit l'avenir.

HÉLÈNE. – Je ne lis pas l'avenir. Mais, dans cet avenir, je vois des scènes colorées, d'autres ternes. Jusqu'ici ce sont toujours les scènes colorées qui ont eu lieu.

HECTOR. – Nous allons vous remettre aux Grecs en plein midi, sur le sable aveuglant, entre la mer violette[3] et le mur ocre. Nous serons tous en cuirasses d'or à jupe rouge, et entre mon étalon blanc et la jument noire de Priam, mes sœurs en péplum[4] vert vous remettront nue à l'ambassadeur grec, dont je devine, au-dessus du casque d'argent, le plumet amarante[5]. Vous voyez cela, je pense ?

HÉLÈNE. – Non, du tout. C'est tout sombre.

HECTOR. – Vous vous moquez de moi, n'est-ce pas ?

HÉLÈNE. – Me moquer, pourquoi ? Allons ! Partons, si vous voulez ! Allons nous préparer pour ma remise aux Grecs. Nous verrons bien.

HECTOR. – Vous doutez-vous que vous insultez l'humanité, ou est-ce inconscient ?

HÉLÈNE. – J'insulte quoi ?

HECTOR. – Vous doutez-vous que votre album de chromos[6] est la dérision du monde ? Alors que tous ici nous nous battons, nous nous sacrifions pour fabriquer une heure qui soit à nous, vous êtes là à feuilleter vos gravures prêtes de toute éternité !... Qu'avez-vous ? À laquelle vous arrêtez-vous avec ces yeux aveugles ? À celle sans doute où vous êtes sur ce même rempart, contemplant la bataille ? Vous la voyez, la bataille ?

HÉLÈNE. – Oui.

HECTOR. – Et la ville s'effondre ou brûle, n'est-ce pas ?

HÉLÈNE. – Oui. C'est rouge vif.

3. La mer est souvent violette chez Homère.
4. Dans l'Antiquité, tunique de femmes.
5. Rouge.
6. Abréviation de *chromolithographie* : impression d'images en couleurs superposées par des procédés lithographiques. Ici, péjoratif : image aux couleurs criardes.

HECTOR. – Et Pâris ? Vous voyez le cadavre de Pâris traîné derrière un char ?

HÉLÈNE. – Ah ! Vous croyez que c'est Pâris ? Je vois en effet un morceau d'aurore qui roule dans la poussière. Un diamant à sa main étincelle... Mais oui !... Je reconnais souvent mal les visages, mais toujours les bijoux. C'est bien sa bague.

HECTOR. – Parfait... Je n'ose vous questionner sur Andromaque et sur moi... sur le groupe Andromaque-Hector... Vous le voyez ! Ne niez pas. Comment le voyez-vous ? Heureux, vieilli, luisant ?

HÉLÈNE. – Je n'essaye pas de le voir.

HECTOR. – Et le groupe Andromaque pleurant sur le corps d'Hector, il luit ?

HÉLÈNE. – Vous savez, je peux très bien voir luisant, extraordinairement luisant, et qu'il n'arrive rien. Personne n'est infaillible.

HECTOR. – N'insistez pas. Je comprends... Il y a un fils entre la mère qui pleure et le père étendu ?

HÉLÈNE. – Oui... Il joue avec les cheveux emmêlés du père... Il est charmant.

HECTOR. – Et elles sont au fond de vos yeux ces scènes ? On peut les y voir ?

HÉLÈNE. – Je ne sais pas. Regardez.

HECTOR. – Plus rien ! Plus rien que la cendre de tous ces incendies, l'émeraude et l'or en poudre ! Qu'elle est pure, la lentille du monde ! Ce ne sont pourtant pas les pleurs qui doivent la laver... Tu pleurerais, si on allait te tuer, Hélène ?

HÉLÈNE. – Je ne sais pas. Mais je crierais. Et je sens que je vais crier, si vous continuez ainsi, Hector... Je vais crier.

Le don d'Hélène

Hélène peut prédire l'avenir, mais ici, c'est Hector qui parle à sa place. Il voit le futur dans le regard d'Hélène : il voit la guerre, c'est-à-dire les événements fameux racontés dans l'*Iliade*. L'histoire est déjà écrite... On comprend qu'Hector ne pourra rien faire contre la guerre. ■

Analyse d'images 1 ▶ p. 142

La guerre de Troie n'aura pas lieu, de Giraudoux
Mise en scène de Louis Jouvet, 1935

Théâtre de l'Athénée
(avec Louis Jouvet : Hector ; Renée Falconetti : Andromaque)

La guerre de Troie n'aura pas lieu, de Giraudoux
Mise en scène de Jean Vilar, 1963

TNP au Festival d'Avignon
(avec Christiane Minazzoli : Hélène ; Robert Etcheverry : Pâris ; Pierre Vaneck : Hector)

La guerre de Troie n'aura pas lieu, de Giraudoux
Mise en scène de Nicolas Briançon, 2006

Festival d'Anjou
(avec Elsa Mollien : Hélène ; Nicolas Briançon : Hector)

La guerre de Troie n'aura pas lieu, de Giraudoux
Mise en scène de Francis Huster, 2013

Festival d'Anjou
(Lisa Masker : Andromaque ; Francis Huster : Hector ;
Polyxène : Toscane Huster et Odile Cohen : Hécube.)

HECTOR. – Tu repartiras ce soir pour la Grèce, Hélène, ou je te tue.

HÉLÈNE. – Mais je veux bien partir ! Je suis prête à partir. Je vous répète seulement que je ne peux arriver à rien distinguer du navire qui m'emportera. Je ne vois scintiller ni la ferrure du mât de misaine[1], ni l'anneau du nez du capitaine, ni le blanc de l'œil du mousse.

HECTOR. – Tu rentreras sur une mer grise, sous un soleil gris. Mais il nous faut la paix.

HÉLÈNE. – Je ne vois pas la paix.

HECTOR. – Demande à Cassandre de te la montrer. Elle est sorcière. Elle évoque formes et génies.

UN MESSAGER. – Hector, Priam te réclame ! Les prêtres s'opposent à ce que l'on ferme les portes de la guerre ! Ils disent que les dieux y verraient une insulte.

HECTOR. – C'est curieux comme les dieux s'abstiennent de parler eux-mêmes dans les cas difficiles.

LE MESSAGER. – Ils ont parlé eux-mêmes. La foudre est tombée sur le temple, et les entrailles des victimes sont contre le renvoi d'Hélène[2].

HECTOR. – Je donnerais beaucoup pour consulter aussi les entrailles des prêtres... Je te suis.

Le guerrier sort.

HECTOR. – Ainsi, vous êtes d'accord, Hélène ?

HÉLÈNE. – Oui.

HECTOR. – Vous direz désormais ce que je vous dirai de dire ? Vous ferez ce que je vous dirai de faire ?

HÉLÈNE. – Oui.

HECTOR. – Devant Ulysse, vous ne me contredirez pas, vous abonderez dans mon sens ?

1. Mât vertical à l'avant d'un navire.
2. La consultation des entrailles d'animaux permet la divination chez les Anciens.

HÉLÈNE. – Oui.

HECTOR. – Écoute-la, Cassandre. Écoute ce bloc de négation qui dit oui ! Tous m'ont cédé. Pâris m'a cédé, Priam m'a cédé, Hélène me cède. Et je sens qu'au contraire dans chacune de ces victoires apparentes, j'ai perdu. On croit lutter contre des géants, on va les vaincre, et il se trouve qu'on lutte contre quelque chose d'inflexible qui est un reflet sur la rétine d'une femme. Tu as beau me dire oui, Hélène, tu es comble d'une obstination qui me nargue !

HÉLÈNE. – C'est possible. Mais je n'y peux rien. Ce n'est pas la mienne.

HECTOR. – Par quelle divagation le monde a-t-il été placer son miroir dans cette tête obtuse[1] !

HÉLÈNE. – C'est regrettable, évidemment. Mais vous voyez un moyen de vaincre l'obstination des miroirs ?

HECTOR. – Oui. C'est à cela que je songe depuis un moment.

HÉLÈNE. – Si on les brise, ce qu'ils reflétaient n'en demeure peut-être pas moins ?

HECTOR. – C'est là toute la question.

AUTRE MESSAGER. – Hector, hâte-toi. La plage est en révolte. Les navires des Grecs sont en vue, et ils ont hissé leur pavillon non au ramat mais à l'écoutière[2]. L'honneur de notre marine est en jeu. Priam craint que l'envoyé ne soit massacré à son débarquement.

HECTOR. – Je te confie Hélène, Cassandre. J'enverrai mes ordres.

1. Stupide et bornée.

2. *Ramat* et *écoutière* sont des néologismes de Giraudoux, pour désigner, sans doute, deux types de mâts.

Scène dixième

HÉLÈNE, CASSANDRE

CASSANDRE. – Moi je ne vois rien, coloré ou terne. Mais chaque être pèse sur moi par son approche même. À l'angoisse de mes veines, je sens son destin.

HÉLÈNE. – Moi, dans mes scènes colorées, je vois quelquefois un détail plus étincelant encore que les autres. Je ne l'ai pas dit à Hector. Mais le cou de son fils est illuminé, la place du cou où bat l'artère...

CASSANDRE. – Moi, je suis comme un aveugle qui va à tâtons. Mais c'est au milieu de la vérité que je suis aveugle. Eux tous voient, et ils voient le mensonge. Je tâte la vérité.

HÉLÈNE. – Notre avantage, c'est que nos visions se confondent avec nos souvenirs, l'avenir avec le passé ! On devient moins sensible... C'est vrai que vous êtes sorcière, que vous pouvez évoquer la paix ?

CASSANDRE. – La paix ? Très facile. Elle écoute en mendiante derrière chaque porte... La voilà.

La paix apparaît.

HÉLÈNE. – Comme elle est jolie !

LA PAIX. – Au secours, Hélène, aide-moi !

HÉLÈNE. – Mais comme elle est pâle.

LA PAIX. – Je suis pâle ? Comment, pâle ! Tu ne vois pas cet or dans mes cheveux ?

HÉLÈNE. – Tiens, de l'or gris ? C'est une nouveauté[1]...

LA PAIX. – De l'or gris ! Mon or est gris ?

La paix disparaît.

HÉLÈNE. – Elle a disparu ?

1. Anachronisme : l'or gris fut inventé après la Première Guerre mondiale.

CASSANDRE. – Je pense qu'elle se met un peu de rouge.

La paix reparaît, outrageusement fardée.

LA PAIX. – Et comme cela?
HÉLÈNE. – Je la vois de moins en moins.
LA PAIX. – Et comme cela ?
CASSANDRE. – Hélène ne te voit pas davantage.
LA PAIX. – Tu me vois, toi, puisque tu me parles !
CASSANDRE. – C'est ma spécialité de parler à l'invisible.
LA PAIX. – Que se passe-t-il donc ? Pourquoi les hommes dans la ville et sur la plage poussent-ils ces cris ?
CASSANDRE. – Il paraît que leurs dieux entrent dans le jeu et aussi leur honneur.
LA PAIX. – Leurs dieux ! Leur honneur !
CASSANDRE. – Oui... Tu es malade !

Le rideau tombe.

La guerre de Troie n'aura pas lieu, de Giraudoux, mise en scène de Nicolas Briançon 2006, théâtre Sylvia Montfort avec Maud Heywang (La paix) et Emma Colberti (Cassandre).

Square clos de palais. À chaque angle, échappée sur la mer. Au centre un monument, les portes de la guerre. Elles sont grandes ouvertes.

Scène première

HÉLÈNE, LE JEUNE TROÏLUS

HÉLÈNE. – Hé, là-bas ! Oui, c'est toi que j'appelle !... Approche !

TROÏLUS. – Non.

HÉLÈNE. – Comment t'appelles-tu ?

TROÏLUS. – Troïlus.

HÉLÈNE. – Viens ici !

TROÏLUS. – Non.

HÉLÈNE. – Viens ici, Troïlus !... (*Troïlus approche.*) Ah ! te voilà ! Tu obéis quand on t'appelle par ton nom : tu es encore très lévrier[1]. C'est d'ailleurs gentil. Tu sais que tu m'obliges pour la première fois à crier, en parlant à un homme ? Ils sont toujours tellement collés à moi que je n'ai qu'à bouger les lèvres. J'ai crié à des mouettes, à des biches, à l'écho, jamais à un homme. Tu me paieras cela... Qu'as-tu ? Tu trembles ?

TROÏLUS. – Je ne tremble pas.

HÉLÈNE. – Tu trembles, Troïlus.

TROÏLUS. – Oui, je tremble.

HÉLÈNE. – Pourquoi es-tu toujours derrière moi ? Quand je vais dos au soleil et que je m'arrête, la tête de ton ombre butte toujours contre mes pieds. C'est tout juste si elle ne les dépasse pas. Dis-moi ce que tu veux...

TROÏLUS. – Je ne veux rien.

Le vaudeville

Les scènes 1 et 2 rappellent le vaudeville, très en vogue à l'époque de Giraudoux. On peut également penser au personnage de page amoureux que l'on retrouve dans les romans de chevalerie du Moyen Âge ou chez Beaumarchais. Cela révèle la diversité des références culturelles dont se nourrit la pièce. ■

1. Chien à longues jambes, au corps allongé et très fin.

HÉLÈNE. – Dis-moi ce que tu veux, Troïlus !

TROÏLUS. – Tout ! Je veux tout !

HÉLÈNE. – Tu veux tout. La lune ?

TROÏLUS. – Tout ! Plus que tout !

HÉLÈNE. – Tu parles déjà comme un vrai homme : tu veux m'embrasser, quoi !

TROÏLUS. – Non !

HÉLÈNE. – Tu veux m'embrasser, n'est-ce pas mon petit Troïlus ?

TROÏLUS. – Je me tuerais aussitôt après !

HÉLÈNE. – Approche... Quel âge as-tu ?

TROÏLUS. – Quinze ans... Hélas !

HÉLÈNE. – Bravo pour hélas !... Tu as déjà embrassé des jeunes filles ?

TROÏLUS. – Je les hais.

HÉLÈNE. – Tu en as déjà embrassé ?

TROÏLUS. – On les embrasse toutes. Je donnerais ma vie pour n'en avoir embrassé aucune.

HÉLÈNE. – Tu me sembles disposer d'un nombre considérable d'existences. Pourquoi ne m'as-tu pas dit franchement : Hélène, je veux vous embrasser !... Je ne vois aucun mal à ce que tu m'embrasses... Embrasse-moi.

TROÏLUS. – Jamais.

HÉLÈNE. – À la fin du jour, quand je m'assieds aux créneaux pour voir le couchant sur les îles, tu serais arrivé doucement, tu aurais tourné ma tête vers toi doucement avec tes mains – de dorée, elle serait devenue sombre, tu l'aurais moins bien vue évidemment –, et tu m'aurais embrassée, j'aurais été très contente... Tiens, me serais-je dit, le petit Troïlus m'embrasse !... Embrasse-moi.

TROÏLUS. – Jamais.

HÉLÈNE. – Je vois. Tu me haïrais si tu m'avais embrassée ?
TROÏLUS. – Ah ! Les hommes ont bien de la chance d'arriver à dire ce qu'ils veulent dire !
HÉLÈNE. – Toi, tu le dis assez bien.

Scène deuxième

HÉLÈNE, PÂRIS, LE JEUNE TROÏLUS

PÂRIS. – Méfie-toi, Hélène. Troïlus est un dangereux personnage.
HÉLÈNE. – Au contraire. Il veut m'embrasser.
PÂRIS. – Troïlus, tu sais que si tu embrasses Hélène, je te tue !
HÉLÈNE. – Cela lui est égal de mourir, même plusieurs fois.
PÂRIS. – Qu'est-ce qu'il a ? Il prend son élan ?... Il va bondir sur toi ?... Il est trop gentil ! Embrasse Hélène, Troïlus. Je te le permets.
HÉLÈNE. – Si tu l'y décides, tu es plus malin que moi.

Troïlus qui allait se précipiter sur Hélène s'écarte aussitôt.

PÂRIS. – Écoute, Troïlus ! Voici nos vénérables qui arrivent en corps pour fermer les portes de la guerre... Embrasse Hélène devant eux : tu seras célèbre. Tu veux être célèbre, plus tard, dans la vie ?
TROÏLUS. – Non. Inconnu.
PÂRIS. – Tu ne veux pas devenir célèbre ? Tu ne veux pas être riche, puissant ?
TROÏLUS. – Non. Pauvre. Laid.

Pâris. – Laisse-moi finir !... Pour avoir toutes les femmes !

Troïlus. – Je n'en veux aucune, aucune !

Pâris. – Voilà nos sénateurs ! Tu as à choisir : ou tu embrasseras Hélène devant eux, ou c'est moi qui l'embrasse devant toi. Tu préfères que ce soit moi ? Très bien ! Regarde !... Oh ! Quel est ce baiser inédit que tu me donnes, Hélène ?

Hélène. – Le baiser destiné à Troïlus.

Pâris. – Tu ne sais pas ce que tu perds, mon enfant ! Oh ! tu t'en vas ? Bonsoir !

Hélène. – Nous nous embrasserons, Troïlus. Je t'en réponds[1]. *(Troïlus s'en va.)* Troïlus !

Pâris, *un peu énervé.* – Tu cries bien fort, Hélène !

Scène troisième

Hélène, Demokos, Pâris

Demokos. – Hélène, une minute ! Et regarde-moi bien en face. J'ai dans la main un magnifique oiseau que je vais lâcher... Là, tu y es ?... C'est cela... Arrange tes cheveux et souris un beau sourire.

Pâris. – Je ne vois pas en quoi l'oiseau s'envolera mieux si les cheveux d'Hélène bouffent et si elle fait son beau sourire.

Hélène. – Cela ne peut pas me nuire en tout cas.

Demokos. – Ne bouge plus... Une ! Deux ! Trois ! Voilà... c'est fait, tu peux partir...

Hélène. – Et l'oiseau ?

Demokos. – C'est un oiseau qui sait se rendre invisible.

Hélène. – La prochaine fois demande-lui sa recette.

1. Les adultes sont corrompus, alors que la jeunesse ne l'est pas encore. On peut penser au personnage d'Antigone, autre figure de la jeunesse.

Elle sort.

PÂRIS. – Quelle est cette farce ?

DEMOKOS. – Je compose un chant sur le visage d'Hélène. J'avais besoin de bien le contempler, de le graver dans ma mémoire avec sourire et boucles. Il y est[1].

Scène quatrième

DEMOKOS, PÂRIS, HÉCUBE, LA PETITE POLYXÈNE, ABNÉOS, LE GÉOMÈTRE, QUELQUES VIEILLARDS

HÉCUBE. – Enfin, vous allez nous la fermer, cette porte ?

DEMOKOS. – Certainement non. Nous pouvons avoir à la rouvrir ce soir même.

HÉCUBE. – Hector le veut. Il décidera Priam.

DEMOKOS. – C'est ce que nous verrons. Je lui réserve d'ailleurs une surprise, à Hector !

LA PETITE POLYXÈNE. – Où mène-t-elle, la porte, maman ?

ABNÉOS. – À la guerre, mon enfant. Quand elle est ouverte, c'est qu'il y a la guerre.

DEMOKOS. – Mes amis...

HÉCUBE. – Guerre ou non, votre symbole est stupide. Cela fait tellement peu soigné, ces deux battants toujours ouverts ! Tous les chiens s'y arrêtent.

LE GÉOMÈTRE. – Il ne s'agit pas de ménage. Il s'agit de la guerre et des dieux.

HÉCUBE. – C'est bien ce que je dis, les dieux ne savent pas fermer leurs portes.

LA PETITE POLYXÈNE. – Moi je les ferme très bien, n'est-ce pas, maman !

1. Métaphore de la photographie.

PÂRIS, *baisant les doigts de la petite Polyxène.* – Tu te prends même les doigts en les fermant, chérie.

DEMOKOS. – Puis-je enfin réclamer un peu de silence, Pâris ?... Abnéos, et toi, Géomètre, et vous mes amis, si je vous ai convoqués ici avant l'heure, c'est pour tenir notre premier conseil. Et c'est de bon augure que ce premier conseil de guerre ne soit pas celui des généraux, mais celui des intellectuels[1]. Car il ne suffit pas, à la guerre, de fourbir[2] des armes à nos soldats. Il est indispensable de porter au comble leur enthousiasme. L'ivresse physique, que leurs chefs obtiendront à l'instant de l'assaut par un vin à la résine vigoureusement placé, restera vis-à-vis des Grecs inefficiente[3], si elle ne se double de l'ivresse morale que nous, les poètes, allons leur verser. Puisque l'âge nous éloigne du combat, servons du moins à le rendre sans merci. Je vois que tu as des idées là-dessus, Abnéos, et je te donne la parole.

ABNÉOS. – Oui. Il nous faut un chant de guerre.

DEMOKOS. – Très juste. La guerre exige un chant de guerre[4].

PÂRIS. – Nous nous en sommes passé jusqu'ici.

HÉCUBE. – Elle chante assez fort elle-même...

ABNÉOS. – Nous nous en sommes passé, parce que nous n'avons jamais combattu que des Barbares. C'était de la chasse. Le cor suffisait. Avec les Grecs, nous entrons dans un domaine de guerre autrement relevé.

DEMOKOS. – Très exact, Abnéos. Ils ne se battent pas avec tout le monde.

PÂRIS. – Nous avons déjà un chant national.

ABNÉOS. – Oui. Mais c'est un chant de paix.

La propagande

La propagande patriotique, qui a notamment précédé la Première Guerre mondiale, exaltait les valeurs guerrières. Ce nationalisme a été notamment porté par l'écrivain Maurice Barrès ou l'homme politique Paul Déroulède. Il fallait, en effet, motiver les soldats et provoquer chez eux une ivresse morale mais aussi physique (on leur distribuait de l'alcool, avant le combat). ■

1. On rencontre, dans la bouche de Demokos, des propos dignes d'un homme de propagande.
2. Nettoyer, astiquer.
3. Inefficace.
4. C'est le chant patriotique qui exhorte au combat.

PÂRIS. – Il suffit de chanter un chant de paix avec grimace et gesticulation pour qu'il devienne un chant de guerre... Quelles sont déjà les paroles du nôtre ?

ABNÉOS. – Tu le sais bien. Anodines. C'est nous qui fauchons les moissons, qui pressons le sang de la vigne[5] !

DEMOKOS. – C'est tout au plus un chant de guerre contre les céréales. Vous n'effraierez pas les Spartiates en menaçant le blé noir[6].

PÂRIS. – Chante-le avec un javelot à la main et un mort à tes pieds, et tu verras.

HÉCUBE. – Il y a le mot sang, c'est toujours cela.

PÂRIS. – Le mot moisson aussi. La guerre l'aime assez.

ABNÉOS. – Pourquoi discuter, puisque Demokos peut nous en livrer un tout neuf dans les deux heures.

DEMOKOS. – Deux heures, c'est un peu court.

HÉCUBE. – N'aie aucune crainte, c'est plus qu'il ne te faut ! Et après le chant ce sera l'hymne, et après l'hymne la cantate[7]. Dès que la guerre est déclarée, impossible de tenir les poètes. La rime, c'est encore le meilleur tambour.

DEMOKOS. – Et le plus utile, Hécube, tu ne crois pas si bien dire. Je la connais, la guerre. Tant qu'elle n'est pas là, tant que ses portes sont fermées, libre à chacun de l'insulter et de la honnir[8]. Elle dédaigne les affronts du temps de paix. Mais, dès qu'elle est présente, son orgueil est à vif, on ne gagne pas sa faveur, on ne la gagne que si on la complimente et la caresse. C'est alors la mission de ceux qui savent parler et écrire, de louer la guerre, de l'aduler à chaque heure du jour, de la flatter sans arrêt aux places claires ou équivoques de son énorme corps, sinon on se l'aliène[9]. Voyez les officiers : braves devant l'ennemi, lâches devant la guerre, c'est la devise des vrais généraux.

5. Ces paroles guerrières peuvent faire penser à celles de *La Marseillaise*.
6. Dans l'Antiquité, les Spartiates mangeaient une sorte de soupe liquide noire. En 1914-1918, les soldats allemands mangeaient du pain noir.
7. L'hymne est un chant national ; la cantate est une composition musicale.
8. Couvrir publiquement de honte.
9. Giraudoux s'en prend à ceux qui, par leurs beaux discours et leur langage perverti, poussent au combat.

PÂRIS. – Et tu as même déjà une idée pour ton chant ?

DEMOKOS. – Une idée merveilleuse, que tu comprendras mieux que personne... Elle doit être lasse qu'on l'affuble[1] de cheveux de Méduse, de lèvres de Gorgone[2] : j'ai l'idée de comparer son visage au visage d'Hélène. Elle sera ravie de cette ressemblance.

LA PETITE POLYXÈNE. – À quoi ressemble-t-elle, la guerre, maman ?

HÉCUBE. – À ta tante Hélène.

LA PETITE POLYXÈNE. – Elle est bien jolie.

DEMOKOS. – Donc, la discussion est close. Entendu pour le chant de guerre. Pourquoi t'agiter, Géomètre ?

LE GÉOMÈTRE. – Parce qu'il y a plus pressé que le chant de guerre, beaucoup plus pressé !

DEMOKOS. – Tu veux dire les médailles, les fausses[3] nouvelles ?

LE GÉOMÈTRE. – Je veux dire les épithètes.

HÉCUBE. – Les épithètes ?

LE GÉOMÈTRE. – Avant de se lancer leurs javelots, les guerriers grecs se lancent des épithètes... Cousin de crapaud, se crient-ils ! Fils de bœuf... Ils s'insultent, quoi ! Et ils ont raison. Ils savent que le corps est plus vulnérable quand l'amour-propre est à vif. Des guerriers connus pour leur sang-froid le perdent illico quand on les traite de verrues ou de corps thyroïdes[4]. Nous autres Troyens manquons terriblement d'épithètes.

DEMOKOS. – Le géomètre a raison. Nous sommes vraiment les seuls à ne pas insulter nos adversaires avant de les tuer.

PÂRIS. – Tu ne crois pas suffisant que les civils s'insultent, Géomètre ?

L'épithète homérique

Dans *L'Iliade* et *L'Odyssée*, Homère utilise des expressions imagées pour caractériser les personnages (*Ulysse aux mille ruses, Aurore aux doigts de rose*) : ce sont les épithètes homériques. Par ailleurs, lors des combats, les ennemis se lançaient des injures (*Face de chien, poule mouillée*...). ■

1. Habiller d'une manière bizarre, ridicule.
2. Dans l'Antiquité, la Méduse est une des trois Gorgones, monstres à la chevelure de serpents.
3. Fausses car véhiculées par la propagande.
4. Glande thyroïde. Ce vocabulaire médical relève de l'anachronisme.

Le Géomètre. – Les armées doivent partager les haines des civils. Tu les connais, sur ce point, elles sont décevantes. Quand on les laisse à elles-mêmes, elles passent leur temps à s'estimer. Leurs lignes déployées deviennent bientôt les seules lignes de vraie fraternité dans le monde, et du fond du champ de bataille, où règne une considération mutuelle, la haine est refoulée sur les écoles, les salons ou le petit commerce. Si nos soldats ne sont pas au moins à égalité dans le combat d'épithètes, ils perdront tout goût à l'insulte, à la calomnie, et par suite immanquablement à la guerre[5].

Demokos. – Adopté ! Nous leur organiserons un concours dès ce soir.

Pâris. – Je les crois assez grands pour les trouver eux-mêmes.

Demokos. – Quelle erreur ! Tu les trouverais de toi-même, tes épithètes, toi qui passes pour habile ?

Pâris. – J'en suis persuadé.

Demokos. – Tu te fais des illusions. Mets-toi en face d'Abnéos, et commence.

Pâris. – Pourquoi d'Abnéos ?

Demokos. – Parce qu'il prête aux épithètes, ventru[6] et bancal comme il est.

Abnéos. – Dis donc, moule à tarte !

Pâris. – Non. Abnéos ne m'inspire pas. Mais en face de toi, si tu veux.

Demokos. – De moi ? Parfait ! Tu vas voir ce que c'est, l'épithète improvisée ! Compte dix pas... J'y suis... Commence...

Hécube. – Regarde-le bien. Tu seras inspiré.

Pâris. – Vieux parasite ! Poète aux pieds sales !

5. Pour les bellicistes (partisans de la guerre), comme le géomètre, il faut entretenir la haine entre les armées qui s'affrontent. Or, on sait que la fraternité a aussi existé entre les soldats ennemis pendant la Première Guerre mondiale.

6. Qui a un gros ventre.

DEMOKOS. – Une seconde... Si tu faisais précéder les épithètes du nom, pour éviter les méprises...

PÂRIS. – En effet, tu as raison... Demokos ! Œil de veau ! Arbre à pellicules !

DEMOKOS. – C'est grammaticalement correct, mais bien naïf. En quoi le fait d'être appelé Arbre à pellicules peut-il me faire monter l'écume aux lèvres et me pousser à tuer ! Arbre à pellicules est complètement inopérant.

HÉCUBE. – Il t'appelle aussi Œil de veau.

DEMOKOS. – Œil de veau est un peu mieux... Mais tu vois comme tu patauges, Pâris ? Cherche donc ce qui peut m'atteindre. Quels sont mes défauts, à ton avis ?

PÂRIS. – Tu es lâche, ton haleine est fétide, et tu n'as aucun talent.

DEMOKOS. – Tu veux une gifle ?

PÂRIS. – Ce que j'en dis, c'est pour te faire plaisir.

LA PETITE POLYXÈNE. – Pourquoi gronde-t-on l'oncle Demokos, maman ?

HÉCUBE. – Parce que c'est un serin[1], chérie !

DEMOKOS. – Vous dites, Hécube ?

HÉCUBE. – Je dis que tu es un serin, Demokos. Je dis que si les serins avaient la bêtise, la prétention, la laideur et la puanteur des vautours, tu serais un serin.

DEMOKOS. – Tiens, Pâris ! Ta mère est plus forte que toi. Prends modèle. Une heure d'exercice par jour et par soldat, et Hécube nous donne la supériorité en épithètes. Et pour le chant de la guerre, je ne sais pas non plus s'il n'y aurait pas avantage à le lui confier...

HÉCUBE. – Si tu veux. Mais je ne dirais pas qu'elle ressemble à Hélène.

DEMOKOS. – Elle ressemble à quoi, d'après toi ?

1. Un serin est un niais, mais aussi un oiseau.

HÉCUBE. – Je te le dirai quand la porte sera fermée.

Scène cinquième

LES MÊMES, PRIAM, HECTOR, BUSIRIS[2] PUIS ANDROMAQUE, PUIS HÉLÈNE

Pendant la fermeture des portes, Andromaque prend à part la petite Polyxène, et lui confie une commission ou un secret.

HECTOR. – Elle va l'être.

DEMOKOS. – Un moment, Hector !

HECTOR. – La cérémonie n'est pas prête ?

HÉCUBE. – Si. Les gonds nagent dans l'huile d'olive.

HECTOR. – Alors ?

PRIAM. – Ce que nos amis veulent dire, Hector, c'est que la guerre aussi est prête. Réfléchis bien. Ils n'ont pas tort. Si tu fermes cette porte, il va peut-être falloir la rouvrir dans une minute.

HÉCUBE. – Une minute de paix, c'est bon à prendre.

HECTOR. – Mon père, tu dois pourtant savoir ce que signifie la paix pour des hommes qui depuis des mois se battent. C'est toucher enfin le fond pour ceux qui se noient ou s'enlisent. Laisse-nous prendre pied sur le moindre carré de paix, effleurer la paix une minute, fût-ce de l'orteil !

PRIAM. – Hector, songe que jeter aujourd'hui le mot paix dans la ville est aussi coupable que d'y jeter un poison. Tu vas y détendre le cuir et le fer. Tu vas frapper avec le mot paix la monnaie courante des souvenirs, des affections, des espoirs. Les soldats vont se précipiter pour acheter le pain de paix, boire le vin de paix, étreindre la femme de paix, et dans une heure tu les remettras face à la guerre[3].

La minute précieuse

On retrouve le thème de la minute précieuse dans *Électre* (I, 11) :

ÉLECTRE. – Alors, pourquoi parlez-vous tous deux ? Que penses-tu gagner, mère, à cette ignoble coquetterie maternelle ? Puisque au milieu de la nuit, des haines, des menaces, s'est ouvert une minute ce guichet qui permet à la mère et au fils de s'entrevoir tels qu'ils ne sont pas, profitez-en, et refermez-le. La minute s'est écoulée.

CLYTEMNESTRE. – Pourquoi si vite ? Qui te dit qu'une minute d'amour maternel suffise à Oreste ?

ÉLECTRE. – Tout me dit que toi tu n'as pas droit, dans ta vie, à plus d'une minute d'amour filial. Tu l'as eue. ■

2. Ce personnage est un étranger qui vient de Syracuse. Il évoque l'expert international de la SDN qui devait désamorcer la crise éthiopienne.
3. Il est dangereux de faire goûter la paix aux soldats.

HECTOR. – La guerre n'aura pas lieu !

On entend des clameurs du côté du port.

DEMOKOS. – Non ? Écoute !

HECTOR. – Fermons les portes. C'est ici que nous recevrons tout à l'heure les Grecs. La conversation sera déjà assez rude. Il convient de les recevoir dans la paix.

PRIAM. – Mon fils, savons-nous même si nous devons permettre aux Grecs de débarquer ?

HECTOR. – Ils débarqueront. L'entrevue avec Ulysse est notre dernière chance de paix.

DEMOKOS. – Ils ne débarqueront pas. Notre honneur est en jeu. Nous serions la risée du monde...

HECTOR. – Et tu prends sur toi de conseiller au Sénat une mesure qui signifie la guerre ?

DEMOKOS. – Sur moi ? Tu tombes mal. Avance, Busiris. Ta mission commence.

HECTOR. – Quel est cet étranger ?

DEMOKOS. – Cet étranger est le plus grand expert vivant du droit des peuples. Notre chance veut qu'il soit aujourd'hui de passage dans Troie. Tu ne diras pas que c'est un témoin partial. C'est un neutre. Notre Sénat se range à son avis, qui sera demain celui de toutes les nations[1].

HECTOR. – Et quel est ton avis ?

BUSIRIS. – Mon avis, princes, après constat de visu et enquête subséquente[2], est que les Grecs se sont rendus vis-à-vis de Troie coupables de trois manquements aux règles internationales. Leur permettre de débarquer serait vous retirer cette qualité d'offensés qui vous vaudra, dans le conflit, la sympathie universelle.

HECTOR. – Explique-toi.

1. Allusion aux nombreux colloques ou congrès réunis devant la montée des totalitarismes en Europe dans les années 1930.
2. Qui en découle.

BUSIRIS. – Premièrement ils ont hissé leur pavillon au ramat et non à l'écoutière[3]. Un navire de guerre, princes et chers collègues, hisse sa flamme au ramat dans le seul cas de réponse au salut d'un bateau chargé de bœufs. Devant une ville et sa population, c'est donc le type même de l'insulte. Nous avons d'ailleurs un précédent. Les Grecs ont hissé l'année dernière leur pavillon au ramat en entrant dans le port d'Ophéa. La riposte a été cinglante. Ophéa a déclaré la guerre.

HECTOR. – Et qu'est-il arrivé ?

BUSIRIS. – Ophéa a été vaincue. Il n'y a plus d'Ophéa, ni d'Ophéens.

HÉCUBE. – Parfait.

BUSIRIS. – L'anéantissement d'une nation ne modifie en rien l'avantage de sa position morale internationale.

HECTOR. – Continue.

BUSIRIS. – Deuxièmement, la flotte grecque en pénétrant dans vos eaux territoriales a adopté la formation dite de face. Il avait été question, au dernier congrès, d'inscrire cette formation dans le paragraphe des mesures dites défensives-offensives. J'ai été assez heureux pour obtenir qu'on lui restituât sa vraie qualité de mesure offensive-défensive : elle est donc bel et bien une des formes larvées du front de mer qui est lui-même une forme larvée du blocus, c'est-à-dire qu'elle constitue un manquement au premier degré ! Nous avons aussi un précédent. Les navires grecs, il y a cinq ans, ont adopté la formation de face en ancrant devant Magnésie. Magnésie dans l'heure a déclaré la guerre.

HECTOR. – Elle l'a gagnée ?

Le vocabulaire diplomatique et juridique

Busiris utilise un vocabulaire diplomatique et juridique remarquable dans toute la scène. Giraudoux caricature les experts neutres que l'on choisissait pour arbitrer les conflits ; le discours de Busiris est donc une parodie, qui confine à l'absurde. ■

3. Voir note 2, p. 50.

BUSIRIS. – Elle l'a perdue. Il ne subsiste plus une pierre de ses murs. Mais mon paragraphe subsiste.

HÉCUBE. – Je t'en félicite. Nous avions eu peur.

HECTOR. – Achève.

BUSIRIS. – Le troisième manquement est moins grave. Une des trirèmes[1] grecques a accosté sans permission et par traîtrise. Son chef Oiax, le plus brutal et le plus mauvais coucheur des Grecs, monte vers la ville en semant le scandale et la provocation, et criant qu'il veut tuer Pâris. Mais, au point de vue international, ce manquement est négligeable. C'est un manquement qui n'a pas été fait dans les formes.

DEMOKOS. – Te voilà renseigné. La situation a deux issues. Encaisser un outrage ou le rendre. Choisis.

HECTOR. – Oneah, cours au-devant d'Oiax ! Arrange-toi pour le rabattre ici.

PÂRIS. – Je l'y attends.

HECTOR. – Tu me feras le plaisir de rester au palais jusqu'à ce que je t'appelle. Quant à toi, Busiris, apprends que notre ville n'entend d'aucune façon avoir été insultée par les Grecs.

BUSIRIS. – Je n'en suis pas surpris. Sa fierté d'hermine[2] est légendaire.

HECTOR. – Tu vas donc, et sur-le-champ, me trouver une thèse qui permette à notre Sénat de dire qu'il n'y a pas eu manquement de la part de nos visiteurs, et à nous, hermines immaculées[3], de les recevoir en hôtes.

DEMOKOS. – Quelle est cette plaisanterie ?

BUSIRIS. – C'est contre les faits, Hector.

HECTOR. – Mon cher Busiris, nous savons tous ici que le droit est la plus puissante des écoles de l'imagination.

1. Bateau de guerre à trois rangs de rameurs.
2. Sorte de belette.
3. Blanches.

Jamais poète n'a interprété la nature aussi librement qu'un juriste la réalité.

BUSIRIS. – Le Sénat m'a demandé une consultation, je la donne.

HECTOR. – Je te demande, moi, une interprétation. C'est plus juridique encore.

BUSIRIS. – C'est contre ma conscience.

HECTOR. – Ta conscience a vu périr Ophéa, périr Magnésie, et elle envisage d'un cœur léger la perte de Troie ?

HÉCUBE. – Oui. Il est de Syracuse.

HECTOR. – Je t'en supplie, Busiris. Il y va de la vie de deux peuples. Aide-nous.

BUSIRIS. – Je ne peux vous donner qu'une aide, la vérité.

HECTOR. – Justement. Trouve une vérité qui nous sauve. Si le droit n'est pas l'armurier des innocents, à quoi sert-il ? Forge-nous une vérité. D'ailleurs, c'est très simple, si tu ne la trouves pas, nous te gardons ici tant que durera la guerre.

BUSIRIS. – Que dites-vous ?

DEMOKOS. – Tu abuses de ton rang, Hector !

HÉCUBE. – On emprisonne le droit pendant la guerre. On peut bien emprisonner un juriste.

HECTOR. – Tiens-le-toi pour dit, Busiris. Je n'ai jamais manqué ni à mes menaces ni à mes promesses. Ou ces gardes te mènent en prison pour des années, ou tu pars ce soir même couvert d'or. Ainsi renseigné, soumets de nouveau la question à ton examen le plus impartial.

BUSIRIS. – Évidemment, il y a des recours.

HECTOR. – J'en étais sûr.

BUSIRIS. – Pour le premier manquement, par exemple, ne peut-on interpréter dans certaines mers bordées de régions fertiles le salut au bateau chargé de bœufs comme un hommage de la marine à l'agriculture ?

HECTOR. – En effet, c'est logique. Ce serait en somme le salut de la mer à la terre.

BUSIRIS. – Sans compter qu'une cargaison de bétail peut être une cargaison de taureaux. L'hommage en ce cas touche même à la flatterie.

HECTOR. – Voilà. Tu m'as compris. Nous y sommes.

BUSIRIS. – Quant à la formation de face, il est tout aussi naturel de l'interpréter comme une avance que comme une provocation. Les femmes qui veulent avoir des enfants se présentent de face, et non de flanc.

HECTOR. – Argument décisif.

BUSIRIS. – D'autant que les Grecs ont à leur proue des nymphes sculptées gigantesques. Il est permis de dire que le fait de présenter aux Troyens, non plus le navire en tant qu'unité navale, mais la nymphe en tant que symbole fécondant, est juste le contraire d'une insulte. Une femme qui vient vers vous nue et les bras ouverts n'est pas une menace, mais une offre. Une offre à causer, en tout cas…

HECTOR. – Et voilà notre honneur sauf, Demokos. Que l'on publie dans la ville la consultation de Busiris, et toi, Minos[1], cours donner l'ordre au capitaine du port de faire immédiatement débarquer Ulysse.

DEMOKOS. – Cela devient impossible de discuter l'honneur avec ces anciens combattants[2]. Ils abusent vraiment du fait qu'on ne peut les traiter de lâches.

LE GÉOMÈTRE. – Prononce en tout cas le discours aux morts, Hector. Cela te fera réfléchir…

HECTOR. – Il n'y aura pas de discours aux morts.

1. L'un des vieillards.
2. La notion d'anciens combattants n'existait pas en Grèce antique.

PRIAM. – La cérémonie le comporte. Le général victorieux doit rendre hommage aux morts quand les portes se ferment.

HECTOR. – Un discours aux morts de la guerre, c'est un plaidoyer hypocrite pour les vivants, une demande d'acquittement. C'est la spécialité des avocats. Je ne suis pas assez sûr de mon innocence...

DEMOKOS. – Le commandement est irresponsable.

HECTOR. – Hélas, tout le monde l'est, les dieux aussi ! D'ailleurs, je l'ai fait déjà, mon discours aux morts. Je le leur ai fait à leur dernière minute de vie, alors qu'adossés un peu de biais aux oliviers du champ de bataille, ils disposaient d'un reste d'ouïe et de regard. Et je peux vous répéter ce que je leur ai dit. Et à l'éventré, dont les prunelles tournaient déjà, j'ai dit : « Eh bien, mon vieux, ça ne va pas si mal que ça... » Et à celui dont la massue avait ouvert en deux le crâne : « Ce que tu peux être laid avec ce nez fendu ! » Et à mon petit écuyer[3], dont le bras gauche pendait et dont fuyait le dernier sang : « Tu as de la chance de t'en tirer avec le bras gauche... » Et je suis heureux de leur avoir fait boire à chacun une suprême goutte à la gourde de la vie. C'était tout ce qu'ils réclamaient, ils sont morts en la suçant... Et je n'ajouterai pas un mot. Fermez les portes.

LA PETITE POLYXÈNE. – Il est mort aussi, le petit écuyer ?

HECTOR. – Oui, mon chat. Il est mort. Il a soulevé la main droite. Quelqu'un que je ne voyais pas le prenait par sa main valide. Et il est mort.

DEMOKOS. – Notre général semble confondre paroles aux mourants et discours aux morts.

PRIAM. – Ne t'obstine pas, Hector.

HECTOR. – Très bien, très bien, je leur parle...

3. Référence à la littérature médiévale, notamment celle des chansons de geste, qu'adorait Giraudoux.

Il se place au pied des portes.

HECTOR. – Ô vous qui ne nous entendez pas, qui ne nous voyez pas, écoutez ces paroles, voyez ce cortège. Nous sommes les vainqueurs. Cela vous est bien égal, n'est-ce pas ? Vous aussi vous l'êtes. Mais, nous, nous sommes les vainqueurs vivants. C'est ici que commence la différence. C'est ici que j'ai honte. Je ne sais si dans la foule des morts on distingue les morts vainqueurs par une cocarde[1]. Les vivants, vainqueurs ou non, ont la vraie cocarde, la double cocarde. Ce sont leurs yeux. Nous, nous avons deux yeux, mes pauvres amis. Nous voyons le soleil. Nous faisons tout ce qui se fait dans le soleil. Nous mangeons. Nous buvons... Et dans le clair de lune !... Nous couchons avec nos femmes... Avec les vôtres aussi...

DEMOKOS. – Tu insultes les morts, maintenant ?

HECTOR. – Vraiment, tu crois ?

DEMOKOS. – Ou les morts, ou les vivants.

HECTOR. – Il y a une distinction...

PRIAM. – Achève, Hector... Les Grecs débarquent...

HECTOR. – J'achève... Ô vous qui ne sentez pas, qui ne touchez pas, respirez cet encens, touchez ces offrandes. Puisqu'enfin c'est un général sincère qui vous parle, apprenez que je n'ai pas une tendresse égale, un respect égal pour vous tous. Tout morts que vous êtes, il y a chez vous la même proportion de braves et de peureux que chez nous qui avons survécu et vous ne me ferez pas confondre, à la faveur d'une cérémonie, les morts que j'admire avec les morts que je n'admire pas. Mais ce que j'ai à vous dire aujourd'hui, c'est que la guerre me semble la recette la plus sordide et la plus hypocrite pour égaliser les humains et que je n'admets

1. Insigne aux couleurs nationales.

pas plus la mort comme châtiment ou comme expiation[2] au lâche que comme récompense aux vivants. Aussi qui que vous soyez, vous absents, vous inexistants, vous oubliés, vous sans occupation, sans repos, sans être, je comprends en effet qu'il faille en fermant ces portes excuser près de vous ces déserteurs que sont les survivants, et ressentir comme un privilège et un vol ces deux biens qui s'appellent, de deux noms dont j'espère que la résonance ne vous atteint jamais, la chaleur et le ciel.

La petite Polyxène. – Les portes se ferment, maman !

Hécube. – Oui, chérie.

La petite Polyxène. – Ce sont les morts qui les poussent.

Hécube. – Ils aident, un petit peu.

La petite Polyxène. – Ils aident bien, surtout à droite.

Hector. – C'est fait ? Elles sont fermées ?

Le garde. – Un coffre-fort...

Hector. – Nous sommes en paix, père, nous sommes en paix.

Hécube. – Nous sommes en paix !

La petite Polyxène. – On se sent bien mieux, n'est-ce pas, maman ?

Hector. – Vraiment, chérie !

La petite Polyxène. – Moi je me sens bien mieux.

La musique des Grecs éclate.

Un messager. – Leurs équipages ont mis pied à terre, Priam !

Demokos. – Quelle musique ! Quelle horreur de musique ! C'est de la musique antitroyenne au plus haut point ! Allons les recevoir comme il convient.

2. Souffrance par laquelle on répare une faute, un péché.

HECTOR. – Recevez-les royalement et qu'ils soient ici sans encombre. Vous êtes responsables !

LE GÉOMÈTRE. – Opposons-leur en tout cas la musique troyenne. Hector, à défaut d'autre indignation, autorisera peut-être le conflit musical ?

LA FOULE. – Les Grecs ! Les Grecs !

UN MESSAGER. – Ulysse est sur l'estacade[1], Priam ! Où faut-il le conduire ?

PRIAM. – Ici même. Préviens-nous au palais... Toi aussi, viens, Pâris. Tu n'as pas trop à circuler, en ce moment.

HECTOR. – Allons préparer notre discours aux Grecs, père.

DEMOKOS. – Prépare-le un peu mieux que celui aux morts, tu trouveras plus de contradiction. *(Priam et ses fils sortent.)* Tu t'en vas aussi, Hécube. Tu t'en vas sans nous avoir dit à quoi ressemblait la guerre ?

HÉCUBE. – Tu tiens à le savoir ?

DEMOKOS. – Si tu l'as vue, dis-le.

HÉCUBE. – À un cul de singe. Quand la guenon est montée à l'arbre et nous montre un fondement rouge, tout squameux[2] et glacé, ceint d'une perruque immonde, c'est exactement la guerre que l'on voit, c'est son visage.

DEMOKOS. – Avec celui d'Hélène, cela lui en fait deux.

Il sort.

ANDROMAQUE. – La voilà justement, Hélène. Polyxène, tu te rappelles bien ce que tu as à lui dire ?

LA PETITE POLYXÈNE. – Oui...

ANDROMAQUE. – Va...

Le vocabulaire trivial

Le mot *cul* appartient au vocabulaire trivial, indigne d'une reine. *Fondement* est aussi un terme familier. On se rappellera que les vieillards regardent les fesses d'Hélène sur les remparts (I, 4), de même qu'Hector les voit en I, 6. ■

1. Digue.
2. Pelé.

Scène sixième

HÉLÈNE, LA PETITE POLYXÈNE

HÉLÈNE. – Tu veux me parler, chérie ?

LA PETITE POLYXÈNE. – Oui, tante Hélène.

HÉLÈNE. – Ça doit être important, tu es toute raide. Et tu te sens toute raide aussi, je parie ?

LA PETITE POLYXÈNE. – Oui, tante Hélène.

HÉLÈNE. – C'est une chose que tu ne peux pas me dire sans être raide ?

LA PETITE POLYXÈNE. – Non, tante Hélène.

HÉLÈNE. – Alors, dis le reste. Tu me fais mal, raide comme cela.

LA PETITE POLYXÈNE. – Tante Hélène, si vous nous aimez, partez !

HÉLÈNE. – Pourquoi partirais-je, chérie ?

LA PETITE POLYXÈNE. – À cause de la guerre.

HÉLÈNE. – Tu sais déjà ce que c'est, la guerre ?

LA PETITE POLYXÈNE. – Je ne sais pas très bien. Je crois qu'on meurt.

HÉLÈNE. – La mort aussi, tu sais ce que c'est ?

LA PETITE POLYXÈNE. – Je ne sais pas non plus très bien. Je crois qu'on ne sent plus rien.

HÉLÈNE. – Qu'est-ce qu'Andromaque t'a dit au juste de me demander ?

LA PETITE POLYXÈNE. – De partir, si vous nous aimez.

HÉLÈNE. – Cela ne me paraît pas très logique. Si tu aimais quelqu'un, tu le quitterais ?

LA PETITE POLYXÈNE. – Oh ! non ! jamais !

HÉLÈNE. – Qu'est-ce que tu préférerais, quitter Hécube ou ne plus rien sentir ?

LA PETITE POLYXÈNE. – Oh ! ne rien sentir ! Je préférerais rester et ne plus jamais rien sentir…

HÉLÈNE. – Tu vois comme tu t'exprimes mal ! Pour que je parte, au contraire, il faudrait que je ne vous aime pas. Tu préfères que je ne t'aime pas ?

LA PETITE POLYXÈNE. – Oh ! non ! que vous m'aimiez !

HÉLÈNE. – Tu ne sais pas ce que tu dis, en somme ?

LA PETITE POLYXÈNE. – Non…

VOIX D'HÉCUBE. – Polyxène !

Scène septième

LES MÊMES, HÉCUBE, ANDROMAQUE

HÉCUBE. – Tu es sourde, Polyxène ? Et qu'as-tu à fermer les yeux en me voyant ? Tu joues à la statue ? Viens avec moi.

HÉLÈNE. – Elle s'entraîne à ne rien sentir. Mais elle n'est pas douée.

HÉCUBE. – Enfin, est-ce que tu m'entends, Polyxène ? Est-ce que tu me vois ?

LA PETITE POLYXÈNE. – Oh ! oui ! Je t'entends. Je te vois.

HÉCUBE. – Pourquoi pleures-tu ? Il n'y a pas de mal à me voir et à m'entendre.

LA PETITE POLYXÈNE. – Si… Tu partiras…

HÉCUBE. – Vous me ferez le plaisir de laisser désormais Polyxène tranquille, Hélène. Elle est trop sensible pour toucher l'insensible, fût-ce à travers votre belle robe et votre belle voix.

HÉLÈNE. – C'est bien mon avis. Je conseille à Andromaque de faire ses commissions elle-même. Embrasse-moi, Polyxène. Je pars ce soir, puisque tu y tiens.

LA PETITE POLYXÈNE. – Ne partez pas ! Ne partez pas !

HÉLÈNE. – Bravo ! Te voilà souple…

HÉCUBE. – Tu viens, Andromaque ?

ANDROMAQUE. – Non, je reste.

La guerre de Troie n'aura pas lieu, de Giraudoux, mise en scène de Nicolas Briançon 2006, théâtre Sylvia Montfort avec Emma Colberti (Cassandre) et Elsa Mollien (Hélène).

Scène huitième

HÉLÈNE, ANDROMAQUE

HÉLÈNE. – L'explication, alors ?

ANDROMAQUE. – Je crois qu'il la faut.

HÉLÈNE. – Écoutez-les crier et discuter là-bas, tous tant qu'ils sont ! Cela ne suffit pas ? Il faut encore que les belles-sœurs s'expliquent ? S'expliquent quoi, puisque je pars ?

ANDROMAQUE. – Que vous partiez ou non, ce n'est plus la question, Hélène.

HÉLÈNE. – Dites cela à Hector. Vous faciliterez sa journée.

ANDROMAQUE. – Oui, Hector s'accroche à l'idée de votre départ. Il est comme tous les hommes. Il suffit d'un lièvre pour le détourner du fourré où est la panthère. Le gibier des hommes peut se chasser ainsi. Pas celui des dieux.

HÉLÈNE. – Si vous avez découvert ce qu'ils veulent, les dieux, dans toute cette histoire, je vous félicite.

ANDROMAQUE. – Je ne sais pas si les dieux veulent quelque chose. Depuis ce matin, tout me semble le réclamer, le crier, l'exiger, les hommes, les bêtes, les plantes… Jusqu'à cet enfant en moi…

HÉLÈNE. – Ils réclament quoi ?

ANDROMAQUE. – Que vous aimiez Pâris.

HÉLÈNE. – S'ils savent que je n'aime point Pâris, ils sont mieux renseignés que moi.

ANDROMAQUE. – Vous ne l'aimez pas ! Peut-être pourriez-vous l'aimer. Mais pour le moment, c'est dans un malentendu que vous vivez tous deux.

HÉLÈNE. – Je vis avec lui dans la bonne humeur, dans l'agrément, dans l'accord. Le malentendu de l'entente, je ne vois pas très bien ce que cela peut être.

ANDROMAQUE. – Vous ne l'aimez pas. On ne s'entend pas, dans l'amour. La vie de deux époux qui s'aiment, c'est une perte de sang-froid perpétuel. La dot des vrais couples est la même que celle des couples faux : le désaccord originel. Hector est le contraire de moi. Il n'a aucun de mes goûts. Nous passons notre journée ou à nous vaincre l'un l'autre ou à nous sacrifier. Les époux amoureux n'ont pas le visage clair.

HÉLÈNE. – Et si mon teint était de plomb, quand j'approche Pâris, et mes yeux blancs, et mes mains moites, vous pensez que Ménélas en serait transporté, les Grecs épanouis ?

ANDROMAQUE. – Peu importerait alors ce que pensent les Grecs !

HÉLÈNE. – Et la guerre n'aurait pas lieu ?

ANDROMAQUE. – Peut-être, en effet, n'aurait-elle pas lieu ! Peut-être, si vous vous aimiez, l'amour appellerait-il à son secours l'un de ses égaux, la générosité, l'intelligence... Personne, même le destin, ne s'attaque d'un cœur léger à la passion... Et même si elle avait lieu, tant pis !

HÉLÈNE. – Ce ne serait sans doute pas la même guerre ?

ANDROMAQUE. – Oh ! non, Hélène ! Vous sentez bien ce qu'elle sera, cette lutte. Le sort ne prend pas tant de précautions pour un combat vulgaire. Il veut construire l'avenir sur elle, l'avenir de nos races, de nos peuples, de nos raisonnements. Et que nos idées et que notre avenir soient fondés sur l'histoire d'une femme et d'un homme qui s'aimaient, ce n'est pas si mal. Mais il ne voit pas que vous n'êtes qu'un couple officiel... Penser que nous allons souffrir, mourir, pour un couple officiel, que la splendeur ou le malheur des âges, que les habitudes des cerveaux et des siècles vont se fonder sur l'aventure de deux êtres qui ne s'aimaient pas, c'est là l'horreur.

HÉLÈNE. – Si tous croient que nous nous aimons, cela revient au même.

ANDROMAQUE. – Ils ne le croient pas. Mais aucun n'avouera qu'il ne le croit pas. Aux approches de la guerre, tous les êtres sécrètent une nouvelle sueur, tous les événements revêtent un nouveau vernis, qui est le mensonge. Tous mentent. Nos vieillards n'adorent pas la beauté, ils s'adorent eux-mêmes, ils adorent la laideur. Et l'indignation des Grecs est un mensonge. Dieu sait s'ils se moquent de ce que vous pouvez faire avec Pâris, les Grecs ! Et leurs bateaux qui accostent là-bas dans les banderoles et les hymnes, c'est un mensonge de la mer. Et la vie de mon fils, et la vie d'Hector vont se jouer sur l'hypocrisie et le simulacre[1], c'est épouvantable !

HÉLÈNE. – Alors ?

ANDROMAQUE. – Alors je vous en supplie, Hélène. Vous me voyez là pressée contre vous comme si je vous suppliais de m'aimer. Aimez Pâris ! Ou dites-moi que je me trompe ! Dites-moi que vous vous tuerez s'il mourait ! Que vous accepterez qu'on vous défigure pour qu'il vive !... Alors la guerre ne sera plus qu'un fléau, pas une injustice. J'essaierai de la supporter.

HÉLÈNE. – Chère Andromaque, tout cela n'est pas si simple. Je ne passe point mes nuits, je l'avoue, à réfléchir sur le sort des humains, mais il m'a toujours semblé qu'ils se partageaient en deux sortes. Ceux qui sont, si vous voulez, la chair de la vie humaine. Et ceux qui en sont l'ordonnance, l'allure. Les premiers ont le rire, les pleurs, et tout ce que vous voudrez en sécrétions. Les autres ont

1. Apparence.

le geste, la tenue, le regard. Si vous les obligez à ne faire qu'une race, cela ne va plus aller du tout. L'humanité doit autant à ses vedettes qu'à ses martyrs.

ANDROMAQUE. – Hélène !

HÉLÈNE. – D'ailleurs vous êtes difficile... Je ne le trouve pas si mal que cela, mon amour. Il me plaît, à moi. Évidemment cela ne tire pas sur mon foie ou ma rate quand Pâris m'abandonne pour le jeu de boules ou la pêche au congre[1]. Mais je suis commandée par lui, aimantée par lui. L'aimantation, c'est aussi un amour, autant que la promiscuité. C'est une passion autrement ancienne et féconde que celle qui s'exprime par les yeux rougis de pleurs ou se manifeste par le frottement. Je suis aussi à l'aise dans cet amour qu'une étoile dans sa constellation. J'y gravite, j'y scintille, c'est ma façon à moi de respirer et d'étreindre. On voit très bien les fils qu'il peut produire, cet amour, de grands êtres clairs, bien distincts, avec des doigts annelés et un nez court. Qu'est-ce qu'il va devenir, si j'y verse la jalousie, la tendresse et l'inquiétude ! Le monde est déjà si nerveux : voyez vous-même !

ANDROMAQUE. –Versez-y la pitié, Hélène. C'est la seule aide dont ait besoin le monde.

HÉLÈNE. –Voilà, cela devait venir, le mot est dit.

ANDROMAQUE. – Quel mot ?

HÉLÈNE. – Le mot pitié. Adressez-vous ailleurs. Je ne suis pas très forte en pitié.

ANDROMAQUE. – Parce que vous ne connaissez pas le malheur !

HÉLÈNE. – Je le connais très bien. Et les malheureux aussi. Et nous sommes très à l'aise ensemble. Tout enfant, je passais mes journées dans les huttes collées au palais, avec les

1. Poisson marin.

filles de pêcheurs, à dénicher et à élever des oiseaux. Je suis née d'un oiseau[2], de là, j'imagine, cette passion. Et tous les malheurs du corps humain, pourvu qu'ils aient un rapport avec les oiseaux, je les connais en détail : le corps du père rejeté par la marée au petit matin, tout rigide, avec une tête de plus en plus énorme et frissonnante, car les mouettes s'assemblent pour picorer les yeux, et le corps de la mère ivre plumant vivant notre merle apprivoisé, et celui de la sœur surprise dans la haie avec l'ilote[3] de service au-dessous du nid de fauvettes en émoi. Et mon amie au chardonneret était difforme, et mon amie au bouvreuil[4] était phtisique[5]. Et malgré ces ailes que je prêtais au genre humain, je le voyais ce qu'il est, rampant, malpropre, et misérable. Mais jamais je n'ai eu le sentiment qu'il exigeait la pitié.

ANDROMAQUE. – Parce que vous ne le jugez digne que de mépris.

HÉLÈNE. – C'est à savoir. Cela peut venir aussi de ce que, tous les malheureux, je les sens mes égaux, de ce que je les admets, de ce que ma santé, ma beauté et ma gloire, je ne les juge pas très supérieures à leur misère. Cela peut être de la fraternité.

ANDROMAQUE. – Vous blasphémez, Hélène.

HÉLÈNE. – Les gens ont pitié des autres dans la mesure où ils auraient pitié d'eux-mêmes. Le malheur ou la laideur sont des miroirs qu'ils ne supportent pas. Je n'ai aucune pitié pour moi. Vous verrez, si la guerre éclate. Je supporte la faim, le mal sans souffrir, mieux que vous. Et l'injure. Si vous croyez que je n'entends pas les Troyennes sur mon passage ! Et elles me traitent de garce ! Et elles disent que le matin j'ai l'œil jaune. C'est faux ou c'est vrai. Mais cela m'est égal, si égal !

2. Selon la légende antique, Zeus, le père d'Hélène, prit l'apparence d'un cygne, pour séduire Léda, la mère d'Hélène. Hélène et son frère Pollux naquirent dans un œuf.
3. Homme réduit à l'asservissement et à la misère.
4. Mouettes, merles, fauvettes, chardonneret et bouvreuil sont des oiseaux.
5. Malade atteint de tuberculose (*anachronisme*).

ANDROMAQUE. – Arrêtez-vous, Hélène !

HÉLÈNE. – Et si vous croyez que mon œil, dans ma collection de chromos en couleurs, comme dit votre mari, ne me montre pas parfois une Hélène vieillie, avachie, édentée, suçotant accroupie quelque confiture dans sa cuisine[1] ! Et ce que le plâtre de mon grimage[2] peut éclater de blancheur ! Et ce que la groseille peut être rouge ! Et ce que c'est coloré et sûr et certain !... Cela m'est complètement indifférent.

ANDROMAQUE. – Je suis perdue...

HÉLÈNE. – Pourquoi ? S'il suffit d'un couple parfait pour vous faire admettre la guerre, il y a toujours le vôtre, Andromaque.

Scène neuvième

HÉLÈNE, ANDROMAQUE, OIAX, PUIS HECTOR

OIAX. – Où est-il ? Où se cache-t-il ? Un lâche ! Un Troyen !

HECTOR. – Qui cherchez-vous ?

OIAX. – Je cherche Pâris...

HECTOR. – Je suis son frère.

OIAX. – Belle famille ! Je suis Oiax ! Qui es-tu ?

HECTOR. – On m'appelle Hector.

OIAX. – Moi je t'appelle beau-frère de pute !

HECTOR. – Je vois que la Grèce nous a envoyé des négociateurs. Que voulez-vous ?

OIAX. – La guerre !

HECTOR. – Rien à espérer. Vous la voulez pourquoi ?

OIAX. – Ton frère a enlevé Hélène.

1. Cette description de la future Hélène par elle-même fait penser à l'Hélène du sonnet de Ronsard : « Quand vous serez bien vieille, au soir, à la chandelle... ».
2. Maquillage de théâtre.

Hector. – Elle était consentante, à ce que l'on m'a dit.

Oiax. – Une Grecque fait ce qu'elle veut. Elle n'a pas à te demander la permission. C'est un cas de guerre.

Hector. – Nous pouvons vous offrir des excuses.

Oiax. – Les Troyens n'offrent pas d'excuses. Nous ne partirons d'ici qu'avec votre déclaration de guerre.

Hector. – Déclarez-la vous-mêmes.

Oiax. – Parfaitement, nous la déclarerons, et dès ce soir.

Hector. – Vous mentez. Vous ne la déclarerez pas. Aucune île de l'archipel ne vous suivra si nous ne sommes pas les responsables... Nous ne le serons pas.

Oiax. – Tu ne la déclareras pas, toi, personnellement, si je te déclare que tu es un lâche ?

Hector. – C'est un genre de déclaration que j'accepte.

Oiax. – Je n'ai jamais vu manquer à ce point de réflexe militaire !... Si je te dis ce que la Grèce entière pense de Troie, que Troie est le vice, la bêtise ?...

Hector. – Troie est l'entêtement. Vous n'aurez pas la guerre.

Oiax. – Si je crache sur elle ?

Hector. – Crachez.

Oiax. – Si je te frappe, toi, son prince ?

Hector. – Essayez.

Oiax. – Si je frappe en plein visage le symbole de sa vanité et de son faux honneur ?

Hector. – Frappez...

Oiax, *le giflant.* – Voilà... Si Madame est ta femme, Madame peut être fière.

Hector. – Je la connais... Elle est fière.

Scène dizième

LES MÊMES, DEMOKOS

DEMOKOS. – Quel est ce vacarme ! Que veut cet ivrogne, Hector ?

HECTOR. – Il ne veut rien. Il a ce qu'il veut.

DEMOKOS. – Que se passe-t-il, Andromaque ?

ANDROMAQUE. – Rien.

OIAX. – Deux fois rien. Un Grec gifle Hector, et Hector encaisse.

DEMOKOS. – C'est vrai, Hector ?

HECTOR. – Complètement faux, n'est-ce pas, Hélène ?

HÉLÈNE. – Les Grecs sont très menteurs. Les hommes grecs.

OIAX. – C'est de nature qu'il a une joue plus rouge que l'autre ?

HECTOR. – Oui. Je me porte bien de ce côté-là.

DEMOKOS. – Dis la vérité, Hector. Il a osé porter la main sur toi ?

HECTOR. – C'est mon affaire.

DEMOKOS. – C'est affaire de guerre. Tu es la statue même de Troie.

HECTOR. – Justement. On ne gifle pas les statues.

DEMOKOS. – Qui es-tu, brute ? Moi, je suis Demokos, second fils d'Achichaos !

OIAX. – Second fils d'Achichaos ? Enchanté. Dis-moi, cela est-il aussi grave de gifler un second fils d'Achichaos que de gifler Hector ?

DEMOKOS. – Tout aussi grave, ivrogne. Je suis le chef du Sénat. Si tu veux la guerre, la guerre jusqu'à la mort, tu n'as qu'à essayer.

OIAX. – Voilà… J'essaie.

Il gifle Demokos.

DEMOKOS. – Troyens ! Soldats ! Au secours !

HECTOR. – Tais-toi, Demokos.

DEMOKOS. – Aux armes ! On insulte Troie ! Vengeance !

HECTOR. – Je te dis de te taire.

DEMOKOS. – Je crierai ! J'ameuterai la ville !

HECTOR. – Tais-toi !… Ou je te gifle !

DEMOKOS. – Priam ! Anchise[1] ! Venez voir la honte de Troie. Elle a Hector pour visage.

HECTOR. – Tiens !

Hector a giflé Demokos. Oiax s'esclaffe.

Scène onzième

LES MÊMES, PRIAM ET LES NOTABLES

Pendant la scène, Priam et les notables viennent se grouper en face du passage par où doit entrer Ulysse.

PRIAM. – Pourquoi ces cris, Demokos ?

DEMOKOS. – On m'a giflé.

OIAX. – Va te plaindre à Achichaos !

PRIAM. – Qui t'a giflé ?

DEMOKOS. – Hector ! Oiax ! Hector ! Oiax !

PÂRIS. – Qu'est-ce qu'il raconte ? Il est fou !

HECTOR. – On ne l'a pas giflé du tout, n'est-ce pas, Hélène ?

1. Chef troyen, père d'Énée.

HÉLÈNE. – Je regardais pourtant bien, je n'ai rien vu.

OIAX. – Ses deux joues sont de la même couleur.

PÂRIS. – Les poètes s'agitent souvent sans raison. C'est ce qu'ils appellent leurs transes. Il va nous en sortir notre chant national.

DEMOKOS. – Tu me le paieras, Hector...

DES VOIX. – Ulysse. Voici Ulysse...

Oiax s'est avancé tout cordial vers Hector.

OIAX. – Bravo ! Du cran. Noble adversaire. Belle gifle...

HECTOR. – J'ai fait de mon mieux.

OIAX. – Excellente méthode aussi. Coude fixe. Poignet biaisé. Grande sécurité pour carpe et métacarpe[1]. Ta gifle doit être plus forte que la mienne.

HECTOR. – J'en doute.

OIAX. – Tu dois admirablement lancer le javelot avec ce radius en fer et ce cubitus[2] à pivot.

HECTOR. – Soixante-dix mètres.

OIAX. – Révérence ! Mon cher Hector, excuse-moi. Je retire mes menaces. Je retire ma gifle. Nous avons des ennemis communs, ce sont les fils d'Achichaos. Je ne me bats pas contre ceux qui ont avec moi pour ennemis les fils d'Achichaos. Ne parlons plus de guerre. Je ne sais ce qu'Ulysse rumine, mais compte sur moi pour arranger l'histoire...

Il va au-devant d'Ulysse avec lequel il rentrera.

ANDROMAQUE. – Je t'aime, Hector.

HECTOR, *montrant sa joue.* – Oui. Mais ne m'embrasse pas encore tout de suite, veux-tu ?

1. Le carpe et le métacarpe sont deux parties du squelette de la main.
2. Le radius et le cubitus sont les deux os du bras.

ANDROMAQUE. – Tu as gagné encore ce combat. Aie confiance.

HECTOR. – Je gagne chaque combat. Mais de chaque victoire l'enjeu s'envole.

Scène douzième

PRIAM, HECTOR, PÂRIS, HÉCUBE, HÉLÈNE, LES TROYENS, LE GABIER[3], OLPIDÈS, IRIS, LES TROYENNES, ULYSSE, OIAX ET LEUR SUITE

ULYSSE. – Priam et Hector, je pense ?

PRIAM. – Eux-mêmes. Et derrière eux, Troie, et les faubourgs de Troie, et la campagne de Troie, et l'Hellespont[4], et ce pays comme un poing fermé qui est la Phrygie. Vous êtes Ulysse ?

ULYSSE. – Je suis Ulysse.

PRIAM. – Et voilà Anchise. Et derrière lui, la Thrace, le Pont, et cette main ouverte qu'est la Tauride[5].

ULYSSE. – Beaucoup de monde pour une conversation diplomatique.

PRIAM. – Et voici Hélène.

ULYSSE. – Bonjour, reine.

HÉLÈNE. – J'ai rajeuni ici, Ulysse. Je ne suis plus que princesse.

PRIAM. – Nous vous écoutons.

OIAX. – Ulysse, parle à Priam. Moi je parle à Hector.

ULYSSE. – Priam, nous sommes venus pour reprendre Hélène.

OIAX. – Tu le comprends, n'est-ce pas, Hector ? Ça ne pouvait pas se passer comme ça !

3. Voir note 1 p. 24.
4. Ancien nom du détroit des Dardanelles, qui fut le lieu de violents combats en 1915.
5. La Thrace est une région de Grèce ; le Pont et la Tauride sont d'anciens royaumes d'Asie mineure.

ULYSSE. – La Grèce et Ménélas crient vengeance.

OIAX. – Si les maris trompés ne criaient pas vengeance, qu'est-ce qu'il leur resterait ?

ULYSSE. – Qu'Hélène nous soit donc rendue dans l'heure même. Ou c'est la guerre.

OIAX. – Il y a les adieux à faire.

HECTOR. – Et c'est tout ?

ULYSSE. – C'est tout.

OIAX. – Ce n'est pas long, tu vois, Hector ?

HECTOR. – Ainsi, si nous vous rendons Hélène, vous nous assurez la paix.

OIAX. – Et la tranquillité.

HECTOR. – Si elle s'embarque dans l'heure, l'affaire est close.

OIAX. – Et liquidée.

HECTOR. – Je crois que nous allons pouvoir nous entendre, n'est-ce pas Hélène ?

HÉLÈNE. – Oui, je le pense.

ULYSSE. – Vous ne voulez pas dire qu'Hélène va nous être rendue ?

HECTOR. – Cela même. Elle est prête.

OIAX. – Pour les bagages, elle en aura toujours plus au retour qu'elle en avait au départ.

HECTOR. – Nous vous la rendons, et vous garantissez la paix. Plus de représailles, plus de vengeance ?

OIAX. – Une femme perdue, une femme retrouvée, et c'est justement la même. Parfait ! N'est-ce pas, Ulysse ?

ULYSSE. – Pardon ! Je ne garantis rien. Pour que nous renoncions à toutes représailles, il faudrait qu'il n'y eût pas prétexte à représailles. Il faudrait que Ménélas retrouvât Hélène dans l'état même où elle lui fut ravie.

HECTOR. – À quoi reconnaîtra-t-il un changement ?

ULYSSE. – Un mari est subtil quand un scandale mondial[1] l'a averti. Il faudrait que Pâris eût respecté Hélène. Et ce n'est pas le cas...

LA FOULE. – Ah ! non. Ce n'est pas le cas !

DES VOIX. – Pas précisément !

HECTOR. – Et si c'était le cas ?

ULYSSE. – Où voulez-vous en venir, Hector ?

HECTOR. – Pâris n'a pas touché Hélène. Tous deux m'ont fait leurs confidences.

ULYSSE. – Quelle est cette histoire ?

HECTOR. – La vraie histoire, n'est-ce pas, Hélène ?

HÉLÈNE. – Qu'a-t-elle d'extraordinaire ?

UNE VOIX. – C'est épouvantable ! Nous sommes déshonorés !

HECTOR. – Qu'avez-vous à sourire, Ulysse ? Vous voyez sur Hélène le moindre indice d'une défaillance à son devoir ?

ULYSSE. – Je ne le cherche pas. L'eau sur le canard marque mieux que la souillure sur la femme.

PÂRIS. – Tu parles à une reine.

ULYSSE. – Exceptons les reines naturellement... Ainsi, Pâris, vous avez enlevé cette reine, vous l'avez enlevée nue ; vous-même, je pense, n'étiez pas dans l'eau avec cuissard[2] et armure, et aucun goût d'elle, aucun désir d'elle ne vous a saisi ?

PÂRIS. – Une reine nue est couverte par sa dignité.

HÉLÈNE. – Elle n'a qu'à ne pas s'en dévêtir.

ULYSSE. – Combien a duré le voyage ? J'ai mis trois jours avec mes vaisseaux, et ils sont plus rapides que les vôtres.

DES VOIX. – Quelles sont ces intolérables insultes à la marine troyenne ?

1. Le terme est anachronique, mais Giraudoux fait bien allusion au second conflit mondial qui se profile.
2. Partie de l'armure qui recouvre les cuisses.

UNE VOIX. – Vos vents sont plus rapides ! Pas vos vaisseaux !

ULYSSE. – Mettons trois jours, si vous voulez. Où était la reine, pendant ces trois jours ?

PÂRIS. – Sur le pont, étendue.

ULYSSE. – Et Pâris. Dans la hune[1] ?

HÉLÈNE. – Étendu près de moi.

ULYSSE. – Il lisait, près de vous ? Il pêchait la dorade ?

HÉLÈNE. – Parfois il m'éventait.

ULYSSE. – Sans jamais vous toucher ?...

HÉLÈNE. – Un jour, le deuxième, il m'a baisé la main.

ULYSSE. – La main ! Je vois. Le déchaînement de la brute.

HÉLÈNE. – J'ai cru digne de ne pas m'en apercevoir.

ULYSSE. – Le roulis ne vous a pas poussés l'un vers l'autre ?... Je pense que ce n'est pas insulter la marine troyenne de dire que ses bateaux roulent...

UNE VOIX. – Ils roulent beaucoup moins que les bateaux grecs ne tanguent.

OIAX. – Tanguer, nos bateaux grecs ! S'ils ont l'air de tanguer c'est à cause de leur proue surélevée et de leur arrière qu'on évide[2] !...

UNE VOIX. – Oh ! oui ! La face arrogante et le cul plat, c'est tout grec...

ULYSSE. – Et les trois nuits ? Au-dessus de votre couple, les étoiles ont paru et disparu trois fois. Rien ne vous est demeuré, Hélène, de ces trois nuits ?

HÉLÈNE. – Si... Si ! J'oubliais ! Une bien meilleure science des étoiles.

ULYSSE. – Pendant que vous dormiez, peut-être... il vous a prise...

HÉLÈNE. – Un moucheron m'éveille...

1. Plate-forme sur un navire (*anachronisme*).
2. Creuser.

HECTOR. – Tous deux vous le jureront, si vous voulez, sur votre déesse Aphrodite[3].

ULYSSE. – Je leur en fais grâce. Je la connais, Aphrodite ! Son serment favori, c'est le parjure... Curieuse histoire, et qui va détruire dans l'Archipel l'idée qu'il y avait des Troyens.

PÂRIS. – Que pensait-on des Troyens, dans l'Archipel ?

ULYSSE. – On les y croit moins doués que nous pour le négoce, mais beaux et irrésistibles. Poursuivez vos confidences, Pâris. C'est une intéressante contribution à la physiologie. Quelle raison a bien pu vous pousser à respecter Hélène quand vous l'aviez à merci ?...

PÂRIS. – Je... je l'aimais.

HÉLÈNE. – Si vous ne savez pas ce que c'est que l'amour, Ulysse, n'abordez pas ces sujets-là.

ULYSSE. – Avouez, Hélène, que vous ne l'auriez pas suivi, si vous aviez su que les Troyens sont impuissants...

UNE VOIX. – C'est une honte !

UNE VOIX. – Qu'on le musèle.

UNE VOIX. – Amène ta femme, et tu verras.

UNE VOIX. – Et ta grand-mère !

ULYSSE. – Je me suis mal exprimé. Que Pâris, le beau Pâris fût impuissant...

UNE VOIX. – Est-ce que tu vas parler, Pâris. Vas-tu nous rendre la risée du monde ?

PÂRIS. – Hector, vois comme ma situation est désagréable !

HECTOR. – Tu n'en as plus que pour une minute... Adieu, Hélène. Et que ta vertu devienne aussi proverbiale qu'aurait pu l'être ta facilité.

HÉLÈNE. – Je n'avais pas d'inquiétude. Les siècles vous donnent toujours le mérite qui est le vôtre.

3. Déesse de la beauté et de l'amour.

Ulysse. – Pâris l'impuissant, beau surnom !... Vous pouvez l'embrasser, Hélène, pour une fois.

Pâris. – Hector !

Le premier gabier. – Est-ce que vous allez supporter cette farce, commandant ?

Hector. – Tais-toi ! C'est moi qui commande ici !

Le gabier. – Vous commandez mal ! Nous, les gabiers de Pâris, nous en avons assez. Je vais le dire, moi, ce qu'il a fait à votre reine !...

Des voix. – Bravo ! Parle !

Le gabier. – Il se sacrifie sur l'ordre de son frère. Moi, j'étais officier de bord. J'ai tout vu.

Hector. – Tu t'es trompé.

Le gabier. – Vous pensez qu'on trompe l'œil d'un marin troyen ? À trente pas je reconnais les mouettes borgnes. Viens à mon côté, Olpidès. Il était dans la hune, celui-là. Il a tout vu d'en haut. Moi, ma tête passait de l'escalier des soutes. Elle était juste à leur hauteur, comme un chat devant un lit... Faut-il le dire, Troyens !

Hector. – Silence.

Des voix. – Parle ! Qu'il parle !

Le gabier. – Et il n'y avait pas deux minutes qu'ils étaient à bord, n'est-ce pas, Olpidès ?

Olpidès. – Le temps d'éponger la reine et de refaire sa raie. Vous pensez si je voyais la raie de la reine, du front à la nuque, de là-haut.

Le gabier. – Et il nous a tous envoyés dans la cale, excepté nous deux qu'il n'a pas vus...

Olpidès. – Et sans pilote, le navire filait droit nord. Sans vents, la voile était franc grosse...

Le gabier. – Et de ma cachette, quand j'aurais dû voir la tranche d'un seul corps, toute la journée j'ai vu la tranche de deux, un pain de seigle sur un pain de blé... Des pains qui cuisaient, qui levaient. De la vraie cuisson.

Olpidès. – Et moi d'en haut j'ai vu plus souvent un seul corps que deux, tantôt blanc, comme le gabier le dit, tantôt doré. À quatre bras et quatre jambes...

Le gabier. – Voilà pour l'impuissance ! Et pour l'amour moral, Olpidès, pour la partie affection, dis ce que tu entendais de ton tonneau ! Les paroles des femmes montent, celles des hommes s'étalent. Je dirai ce que disait Pâris...

Olpidès. – Elle l'a appelé sa perruche, sa chatte[1].

Le gabier. – Lui son puma, son jaguar[2]. Ils intervertissaient les sexes. C'est de la tendresse. C'est bien connu.

Olpidès. – Tu es mon hêtre, disait-elle aussi. Je t'étreins juste comme un hêtre, disait-elle... Sur la mer on pense aux arbres.

Le gabier. – Et toi mon bouleau, lui disait-il, mon bouleau frémissant ! Je me rappelle bien le mot bouleau. C'est un arbre russe.

Olpidès. – Et j'ai dû rester jusqu'à la nuit dans la hune. On a faim et soif là-haut. Et le reste.

Le gabier. – Et quand il se désenlaçaient, ils se léchaient du bout de la langue, parce qu'ils se trouvaient salés.

Olpidès. – Et quand ils se sont mis debout, pour aller enfin se coucher, ils chancelaient...

Le gabier. – Et voilà ce qu'elle aurait eu, ta Pénélope, avec cet impuissant.

Des voix. – Bravo ! Bravo !

Une voix de femme. – Gloire à Pâris.

1. Ces deux termes sonnent comme des anachronismes.
2. Même remarque : le puma et le jaguar sont des animaux d'Amérique, donc inconnus du monde antique.

Un homme jovial. – Rendons à Pâris ce qui revient à Pâris[1] !

Hector. – Ils mentent, n'est-ce pas, Hélène ?

Ulysse. – Hélène écoute, charmée.

Hélène. – J'oubliais qu'il s'agissait de moi. Ces hommes ont de la conviction.

Ulysse. – Ose dire qu'ils mentent, Pâris ?

Pâris. – Dans les détails, quelque peu.

Le gabier. – Ni dans le gros, ni dans les détails. N'est-ce pas, Olpidès ! Vous contestez vos expressions d'amour, commandant ? Vous contestez le mot puma ?

Pâris. – Pas spécialement le mot puma !...

Le gabier. – Le mot bouleau, alors ? Je vois. C'est le mot *bouleau* frémissant qui vous offusque. Tant pis, vous l'avez dit. Je jure que vous l'avez dit, et d'ailleurs il n'y a pas à rougir du mot bouleau. J'en ai vu des bouleaux frémissants, l'hiver, le long de la Caspienne, et, sur la neige, avec leurs bagues d'écorce noire qui semblaient séparées par le vide, on se demandait ce qui portait les branches. Et j'en ai vu en plein été, dans le chenal près d'Astrakhan[2] avec leurs bagues blanches comme celles des bons champignons, juste au bord de l'eau, mais aussi dignes que le saule est mollasse. Et quand vous avez dessus un de ces gros corbeaux gris et noir, tout l'arbre tremble, plie à casser, et je lui lançais des pierres jusqu'à ce qu'il s'envolât, et toutes les feuilles alors me parlaient et me faisaient signe. Et à les voir frissonner, en or par-dessus, en argent par-dessous, vous vous sentez le cœur plein de tendresse ! Moi, j'en aurais pleuré, n'est-ce pas, Olpidès ! Voilà ce que c'est qu'un bouleau !

La foule. – Bravo ! Bravo !

1. Travestissement d'une phrase célèbre : « Rendons à César ce qui appartient à César ».
2. Anachronisme : cette ville n'est apparue qu'au XIIe siècle.

UN AUTRE MARIN. – Et il n'y a pas que le gabier et Olpidès qui les aient vus, Priam. Du soutier à l'enseigne, nous étions tous ressortis du navire par les hublots, et tous, cramponnés à la coque, nous regardions par-dessous la lisse[3]. Le navire n'était qu'un instrument à voir.

UN TROISIÈME MARIN. – À voir l'amour.

ULYSSE. – Et voilà, Hector !

HECTOR. – Taisez-vous tous.

LE GABIER. – Tiens, fais taire celle-là !

Iris[4] apparaît dans le ciel.

LE PEUPLE. – Iris ! Iris !

PÂRIS. – C'est Aphrodite qui t'envoie ?

IRIS. – Oui, Aphrodite ; elle me charge de vous dire que l'amour est la loi du monde. Que tout ce qui double l'amour devient sacré, que ce soit le mensonge, l'avarice, ou la luxure[5]. Que tout amoureux, elle le prend sous sa garde, du roi au berger en passant par l'entremetteur. J'ai bien dit : l'entremetteur. S'il en est un ici, qu'il soit salué. Et qu'elle vous interdit à vous deux, Hector et Ulysse, de séparer Pâris d'Hélène. Ou il y aura la guerre.

PÂRIS, LES VIEILLARDS. – Merci, Iris !

HECTOR. – Et de Pallas[6] aucun message ?

IRIS. – Oui, Pallas me charge de vous dire que la raison est la loi du monde. Tout être amoureux, vous fait-elle dire, déraisonne. Elle vous demande de lui avouer franchement s'il y a plus bête que le coq sur la poule ou la mouche sur la mouche. Elle n'insiste pas. Et elle vous ordonne, à vous Hector et vous Ulysse, de séparer Hélène de ce Pâris à poil frisé. Ou il y aura la guerre…

HECTOR, LES FEMMES. – Merci, Iris !

3. Vocabulaire marin anachronique : le soutier est un marin chargé d'alimenter en charbon les chaufferies ; l'enseigne est un officier de marine ; la lisse est une rambarde.
4. Messagère ailée des dieux. Elle porte une écharpe colorée assimilée à l'arc-en-ciel.
5. Débauche.
6. Autre nom d'Athéna, déesse guerrière de la pensée, des arts, des sciences.

PRIAM. – Ô mon fils, ce n'est ni Aphrodite, ni Pallas qui règlent l'univers. Que nous commande Zeus dans cette incertitude ?

IRIS. – Zeus, le maître des Dieux, vous fait dire que ceux qui ne voient que l'amour dans le monde sont aussi bêtes que ceux qui ne le voient pas. La sagesse, vous fait dire Zeus, le maître des dieux, c'est tantôt de faire l'amour et tantôt de ne pas le faire. Les prairies semées de coucous et de violettes, à son humble et impérieux avis, sont aussi douces à ceux qui s'étendent l'un sur l'autre qu'à ceux qui s'étendent l'un près de l'autre, soit qu'ils lisent, soit qu'ils soufflent sur la sphère aérée du pissenlit, soit qu'ils pensent au repas du soir ou à la république. Il s'en rapporte donc à Hector et à Ulysse pour que l'on sépare Hélène et Pâris tout en ne les séparant pas. Il ordonne à tous les autres de s'éloigner, et de laisser face à face les négociateurs. Et que ceux-là s'arrangent pour qu'il n'y ait pas la guerre. Ou alors, il vous le jure et il n'a jamais menacé en vain, il vous jure qu'il y aura la guerre[1].

HECTOR. – À vos ordres, Ulysse !

ULYSSE. – À vos ordres.

Tous se retirent. On voit une grande écharpe se former dans le ciel[2].

HÉLÈNE. – C'est bien elle. Elle a oublié sa ceinture à mi-chemin.

1. Dans cette scène, Iris donne des avis contradictoires et incohérents. Zeus est ridiculisé car il ne se prononce même pas !
2. C'est l'arc-en-ciel, l'écharpe d'Iris.

Scène treizième

ULYSSE, HECTOR

HECTOR. – Et voilà le vrai combat, Ulysse.

ULYSSE. – Le combat d'où sortira ou ne sortira pas la guerre, oui.

HECTOR. – Elle en sortira ?

ULYSSE. – Nous allons le savoir dans cinq minutes.

HECTOR. – Si c'est un combat de paroles, mes chances sont faibles.

ULYSSE. – Je crois que cela sera plutôt une pesée. Nous avons vraiment l'air d'être chacun sur le plateau d'une balance. Le poids parlera...

HECTOR. – Mon poids ? Ce que je pèse, Ulysse ? Je pèse un homme jeune, une femme jeune, un enfant à naître. Je pèse la joie de vivre, la confiance de vivre, l'élan vers ce qui est juste et naturel.

ULYSSE. – Je pèse l'homme adulte, la femme de trente ans, le fils[3] que je mesure chaque mois avec des encoches, contre le chambranle[4] du palais... Mon beau-père prétend que j'abîme la menuiserie... Je pèse la volupté de vivre et la méfiance de la vie.

HECTOR. – Je pèse la chasse, le courage, la fidélité, l'amour.

ULYSSE. – Je pèse la circonspection[5] devant les dieux, les hommes et les choses.

HECTOR. – Je pèse le chêne phrygien, tous les chênes phrygiens feuillus et trapus, épars sur nos collines avec nos bœufs frisés.

ULYSSE. – Je pèse l'olivier.

HECTOR. – Je pèse le faucon, je regarde le soleil en face.

La diplomatie à l'œuvre

Cette scène où Hector et Ulysse se rencontrent évoque sans doute les différentes conférences diplomatiques (accords de Locarno, le 16 octobre 1925, conférence de Stresa, en avril 1935) destinées à tenter d'éviter la Seconde Guerre mondiale. ■

3. L'épouse d'Ulysse, Pénélope, et leur fils, Télémaque.
4. Encadrement d'une porte, d'une fenêtre, d'une cheminée.
5. Prudence.

ULYSSE. – Je pèse la chouette.

HECTOR. – Je pèse tout un peuple de paysans débonnaires[1], d'artisans laborieux, des milliers de charrues, de métiers à tisser, de forges et d'enclumes... Oh ! Pourquoi, devant vous, tous ces poids me paraissent-ils tout à coup si légers ?

ULYSSE. – Je pèse ce que pèse cet air incorruptible et impitoyable sur la côte et sur l'archipel.

HECTOR. – Pourquoi continuer ? La balance s'incline.

ULYSSE. – De mon côté ?... Oui, je le crois.

HECTOR. – Et vous voulez la guerre ?

ULYSSE. – Je ne la veux pas. Mais je suis moins sûr de ses intentions à elle.

HECTOR. – Nos peuples nous ont délégués tous deux ici pour la conjurer. Notre seule réunion signifie que rien n'est perdu...

ULYSSE. – Vous êtes jeune, Hector !... À la veille de toute guerre, il est courant que deux chefs des peuples en conflit se rencontrent seuls dans quelque innocent village, sur la terrasse au bord d'un lac, dans l'angle d'un jardin. Et ils conviennent que la guerre est le pire fléau du monde, et tous deux, à suivre du regard ces reflets et ces rides sur les eaux, à recevoir sur l'épaule ces pétales de magnolias[2], ils sont pacifiques, modestes, loyaux. Et ils s'étudient. Ils se regardent. Et, tiédis par le soleil, attendris par un vin clairet, ils ne trouvent dans le visage d'en face aucun trait qui justifie la haine, aucun trait qui n'appelle l'amour humain, et rien d'incompatible non plus dans leurs langages, dans leur façon de se gratter le nez ou de boire. Et ils sont vraiment combles[3] de paix, de désirs de paix. Et ils se quittent en se serrant les mains, en se sentant des frères. Et ils se retournent de leur calèche pour se sourire... Et le lende-

1. Doux et inoffensif.
2. Arbre à grandes fleurs blanches.
3. Pleins.

main pourtant éclate la guerre... Ainsi nous sommes tous deux maintenant... Nos peuples autour de l'entretien se taisent et s'écartent, mais ce n'est pas qu'ils attendent de nous une victoire sur l'inéluctable. C'est seulement qu'ils nous ont donné pleins pouvoirs, qu'ils nous ont isolés, pour que nous goûtions mieux, au-dessus de la catastrophe, notre fraternité d'ennemis. Goûtons-la. C'est un plat de riches. Savourons-la... Mais c'est tout. Le privilège des grands, c'est de voir les catastrophes d'une terrasse.

HECTOR. – C'est une conversation d'ennemis que nous avons là ?

ULYSSE. – C'est un duo avant l'orchestre. C'est le duo des récitants[4] avant la guerre. Parce que nous avons été créés sensés, justes et courtois, nous nous parlons, une heure avant la guerre, comme nous nous parlerons longtemps après, en anciens combattants. Nous nous réconcilions avant la lutte même, c'est toujours cela. Peut-être d'ailleurs avons-nous tort. Si l'un de nous doit un jour tuer l'autre et arracher pour reconnaître sa victime la visière de son casque, il vaudrait peut-être mieux qu'il ne lui donnât pas un visage de frère... Mais l'univers le sait, nous allons nous battre.

HECTOR. – L'univers peut se tromper. C'est à cela qu'on reconnaît l'erreur, elle est universelle.

ULYSSE. – Espérons-le. Mais quand le destin, depuis des années, a surélevé deux peuples, quand il leur a ouvert le même avenir d'invention et d'omnipotence, quand il a fait de chacun, comme nous l'étions tout à l'heure sur la bascule, un poids précieux et différent pour peser le plaisir, la conscience et jusqu'à la nature, quand par leurs architectes, leurs poètes, leurs teinturiers, il leur a donné à chacun un

Terrasses contre tranchées

C'est aux terrasses d'Isola Bella que se tint la conférence de Stresa en avril 1935. Un accord fut signé entre la France, le Royaume-Uni et l'Italie, unis contre l'Allemagne. Mais cet accord ne fut pas appliqué en raison des volontés d'expansion de Mussolini et de son rapprochement avec l'Allemagne nazie. On peut aussi lire dans les propos d'Ulysse une évocation des généraux envoyant les soldats à l'assaut. ■

4. Personne chargée de chanter les récits.

royaume opposé de volumes, de sons et de nuances, quand il leur a fait inventer le toit en charpente troyen et la voûte thébaine, le rouge phrygien et l'indigo grec, l'univers sait bien qu'il n'entend pas préparer ainsi aux hommes deux chemins de couleur et d'épanouissement, mais se ménager son festival, le déchaînement de cette brutalité et de cette folie humaines qui seules rassurent les dieux. C'est de la petite politique, j'en conviens. Mais nous sommes chefs d'État, nous pouvons bien entre nous deux le dire : c'est couramment celle du Destin.

HECTOR. – Et c'est Troie et c'est la Grèce qu'il a choisies cette fois ?

ULYSSE. – Ce matin j'en doutais encore. J'ai posé le pied sur votre estacade, et j'en suis sûr.

HECTOR. – Vous vous êtes senti sur un sol ennemi ?

ULYSSE. – Pourquoi toujours revenir à ce mot ennemi ? Faut-il vous le redire ? Ce ne sont pas les ennemis naturels qui se battent. Il est des peuples que tout désigne pour une guerre, leur peau, leur langue et leur odeur, ils se jalousent, ils se haïssent, ils ne peuvent pas se sentir... Ceux-là ne se battent jamais. Ceux qui se battent, ce sont ceux que le sort a lustrés[1] et préparés pour une même guerre : ce sont les adversaires.

HECTOR. – Et nous sommes prêts pour la guerre grecque ?

ULYSSE. – À un point incroyable. Comme la nature munit les insectes dont elle prévoit la lutte, de faiblesses et d'armes qui se correspondent, à distance, sans que nous nous connaissions, sans que nous nous en doutions, nous nous sommes élevés tous deux au niveau de notre guerre. Tout correspond de nos armes et de nos habitudes comme des roues à pignon. Et le regard de vos femmes, et

1. A rendus éclatants.

le teint de vos filles sont les seuls qui ne suscitent en nous ni la brutalité, ni le désir, mais cette angoisse du cœur et de la joie qui est l'horizon de la guerre. Frontons[2] et leurs soutaches[3] d'ombre et de feu, hennissements des chevaux, péplums disparaissent à l'angle d'une colonnade, le sort a tout passé chez vous à cette couleur d'orage qui m'impose pour la première fois le relief de l'avenir. Il n'y a rien à faire. Vous êtes dans la lumière de la guerre grecque.

HECTOR. – Et c'est ce que pensent aussi les autres Grecs ?

ULYSSE. – Ce qu'ils pensent n'est pas plus rassurant. Les autres Grecs pensent que Troie est riche, ses entrepôts magnifiques, sa banlieue fertile. Ils pensent qu'ils sont à l'étroit sur du roc. L'or de vos temples, celui de vos blés et de votre colza, ont fait à chacun de nos navires, de nos promontoires, un signe qu'il n'oublie pas. Il n'est pas très prudent d'avoir des dieux et des légumes trop dorés.

HECTOR. – Voilà enfin une parole franche… La Grèce en nous s'est choisi une proie. Pourquoi alors une déclaration de guerre ? Il était plus simple de profiter de mon absence pour bondir sur Troie. Vous l'auriez eue sans coup férir[4].

ULYSSE. – Il est une espèce de consentement à la guerre que donnent seulement l'atmosphère, l'acoustique et l'humeur du monde. Il serait dément d'entreprendre une guerre sans l'avoir. Nous ne l'avions pas.

HECTOR. – Vous l'avez maintenant !

ULYSSE. – Je crois que nous l'avons.

HECTOR. – Qui vous l'a donnée contre nous ? Troie est réputée pour son humanité, sa justice, ses arts !

ULYSSE. – Ce n'est pas par des crimes qu'un peuple se met en situation fausse avec son destin, mais par des fautes. Son armée est forte, sa caisse abondante, ses poètes en

2. Ornement d'architecture au-dessus de l'entrée principale d'un édifice.
3. Galon sur un vêtement (ici, sens métaphorique).
4. Sans en venir aux mains.

plein fonctionnement. Mais un jour, on ne sait pourquoi, du fait que ses citoyens coupent méchamment les arbres, que son prince enlève vilainement une femme, que ses enfants adoptent une mauvaise turbulence, il est perdu. Les nations, comme les hommes, meurent d'imperceptibles impolitesses. C'est à leur façon d'éternuer ou d'éculer leurs talons que se reconnaissent les peuples condamnés... Vous avez sans doute mal enlevé Hélène...

HECTOR. – Vous voyez la proportion entre le rapt d'une femme et la guerre où l'un de nos peuples périra ?

ULYSSE. – Nous parlons d'Hélène. Vous vous êtes trompés sur Hélène. Pâris et vous. Depuis quinze ans je la connais, je l'observe. Il n'y a aucun doute. Elle est une des rares créatures que le destin met en circulation sur la terre pour son usage personnel. Elles n'ont l'air de rien. Elles sont parfois une bourgade, presque un village, une petite reine, presque une petite fille, mais si vous les touchez, prenez garde ! C'est là la difficulté de la vie, de distinguer, entre les êtres et les objets, celui qui est l'otage du destin. Vous ne l'avez pas distingué. Vous pouviez toucher impunément à nos grands amiraux, à nos rois. Pâris pouvait se laisser aller sans danger dans les lits de Sparte ou de Thèbes, à vingt généreuses étreintes. Il a choisi le cerveau le plus étroit, le cœur le plus rigide, le sexe le plus étroit... Vous êtes perdus.

HECTOR. – Nous vous rendons Hélène.

ULYSSE. – L'insulte au destin ne comporte pas la restitution.

HECTOR. – Pourquoi discuter alors ! Sous vos paroles, je vois enfin la vérité. Avouez-le. Vous voulez nos richesses ! Vous avez fait enlever Hélène pour avoir à la guerre un prétexte honorable ! J'en rougis pour la Grèce. Elle en sera éternellement responsable et honteuse.

ULYSSE. – Responsable et honteuse ? Croyez-vous ! Les deux mots ne s'accordent guère. Si nous nous savions vraiment responsables de la guerre, il suffirait à notre génération actuelle de nier et de mentir pour assurer la bonne foi et la bonne conscience de toutes nos générations futures. Nous mentirons. Nous nous sacrifierons[1].

HECTOR. – Eh bien, le sort en est jeté, Ulysse ! Va pour la guerre ! À mesure que j'ai plus de haine pour elle, il me vient d'ailleurs un désir plus incoercible[2] de tuer... Partez, puisque vous me refusez votre aide...

ULYSSE. – Comprenez-moi, Hector !... Mon aide vous est acquise. Ne m'en veuillez pas d'interpréter le sort. J'ai voulu seulement lire dans ces grandes lignes que sont, sur l'univers, les voies des caravanes, les chemins des navires, le tracé des grues[3] volantes et des races. Donnez-moi votre main. Elle aussi a ses lignes. Mais ne cherchons pas si leur leçon est la même. Admettons que les trois petites rides au fond de la main d'Hector disent le contraire de ce qu'assurent les fleuves, les vols et les sillages. Je suis curieux de nature, et je n'ai pas peur. Je veux bien aller contre le sort. J'accepte Hélène. Je la rendrai à Ménélas. Je possède beaucoup plus d'éloquence qu'il n'en faut pour faire croire un mari à la vertu de sa femme. J'amènerai même Hélène à y croire elle-même. Et je pars à l'instant, pour éviter toute surprise. Une fois au navire, peut-être risquons-nous de déjouer la guerre.

HECTOR. – Est-ce là la ruse d'Ulysse[4], ou sa grandeur ?

ULYSSE. – Je ruse en ce moment contre le destin, non contre vous. C'est mon premier essai et j'y ai plus de mérite. Je suis sincère, Hector... Si je voulais la guerre, je ne vous demanderais pas Hélène, mais une rançon qui vous

1. Autrement dit, ce sont les vainqueurs qui écrivent l'Histoire.
2. Irrépressible.
3. Oiseau.
4. Ulysse était réputé pour ses ruses.

est plus chère[1]... Je pars... Mais je ne peux me défendre de l'impression qu'il est bien long, le chemin qui va de cette place à mon navire.

HECTOR. – Ma garde vous escorte.

ULYSSE. – Il est long comme le parcours officiel des rois en visite quand l'attentat menace... Où se cachent les conjurés[2] ? Heureux nous sommes, si ce n'est pas dans le ciel même... Et le chemin d'ici à ce coin du palais est long... Et long mon premier pas... Comment va-t-il se faire, mon premier pas... entre tous ces périls... Vais-je glisser et me tuer ?... Une corniche va-t-elle s'effondrer sur moi de cet angle ? Tout est maçonnerie neuve ici, et j'attends la pierre croulante... Du courage... Allons-y.

Il fait un premier pas.

HECTOR. – Merci, Ulysse.

ULYSSE. – Le premier pas va... Il en reste combien ?

HECTOR. – Quatre cent soixante.

ULYSSE. – Au second ! Vous savez ce qui me décide à partir, Hector...

HECTOR. – Je le sais. La noblesse.

ULYSSE. – Pas précisément... Andromaque a le même battement de cils que Pénélope.

1. Dans la première version de la pièce, la rançon plus chère réclamée était Andromaque.
2. Personne qui prend part à un complot. On peut penser à l'assassinat du président de la République française, Paul Doumer, en 1932.

Scène quatorzième

Andromaque, Cassandre, Hector, Abnéos, puis Oiax, puis Demokos

Hector. – Tu étais là, Andromaque ?

Andromaque. – Soutiens-moi. Je n'en puis plus !

Hector. – Tu nous écoutais ?

Andromaque. – Oui. Je suis brisée.

Hector. – Tu vois qu'il ne nous faut pas désespérer...

Andromaque. – De nous peut-être. Du monde, oui... Cet homme est effroyable. La misère du monde est sur moi.

Hector. – Une minute encore, et Ulysse est à son bord... Il marche vite. D'ici l'on suit son cortège. Le voilà déjà en face des fontaines. Que fais-tu ?

Andromaque. – Je n'ai plus la force d'entendre. Je me bouche les oreilles. Je n'enlèverai pas mes mains avant que notre sort soit fixé...

Hector. – Cherche Hélène, Cassandre !

Oiax entre sur la scène, de plus en plus ivre. Il voit Andromaque de dos.

Cassandre. – Ulysse vous attend au port, Oiax. On vous y conduit Hélène.

Oiax. – Hélène ! Je me moque d'Hélène ! C'est celle-là que je veux tenir dans mes bras.

Cassandre. – Partez, Oiax. C'est la femme d'Hector.

Oiax. – La femme d'Hector ! Bravo ! J'ai toujours préféré les femmes de mes amis, de mes vrais amis !

Cassandre. – Ulysse est déjà à mi-chemin... Partez.

Oiax. – Ne te fâche pas. Elle se bouche les oreilles. Je peux donc tout lui dire, puisqu'elle n'entendra pas. Si je la touchais, si je l'embrassais, évidemment ! Mais des paroles qu'on n'entend pas, rien de moins grave.

CASSANDRE. – Rien de plus grave. Allez, Oiax !

OIAX, *pendant que Cassandre essaie par la force de l'éloigner d'Andromaque et qu'Hector lève peu à peu son javelot.* – Tu crois ? Alors autant la toucher. Autant l'embrasser. Mais chastement[1] !... Toujours chastement, les femmes des vrais amis ! Qu'est-ce qu'elle a de plus chaste ta femme, Hector, le cou ? Voilà pour le cou... L'oreille aussi m'a un gentil petit air tout à fait chaste ! Voilà pour l'oreille... Je vais te dire, moi, ce que j'ai toujours trouvé de plus chaste dans la femme... Laisse-moi !... Laisse-moi ! Elle n'entend pas les baisers non plus... Ce que tu es forte !... Je viens... Je viens... Adieu. *(Il sort.)*

Hector baisse imperceptiblement son javelot. À ce moment, Demokos fait irruption.

DEMOKOS. – Quelle est cette lâcheté ? Tu rends Hélène ? Troyens, aux armes ! On nous trahit... Rassemblez-vous... Et votre chant de guerre est prêt ! Écoutez votre chant de guerre !

HECTOR. – Voilà pour ton chant de guerre !

DEMOKOS, *tombant.* – Il m'a tué[2] !

HECTOR. – La guerre n'aura pas lieu, Andromaque !

Il essaie de détacher les mains d'Andromaque qui résiste, les yeux fixés sur Demokos. Le rideau qui avait commencé à tomber se relève peu à peu.

ABNÉOS. – On a tué Demokos ! Qui a tué Demokos ?

DEMOKOS. – Qui m'a tué ?... Oiax !... Oiax !... Tuez-le[3] !

ABNÉOS. – Tuez Oiax !

1. Pudiquement.
2. Hector provoque la première mort de la guerre qu'il a essayé d'éviter pendant toute la pièce !
3. Demokos meurt car il veut que la guerre ait lieu coûte que coûte.

Hector. – Il ment. C'est moi qui l'ai frappé.
Demokos. – Non. C'est Oiax...
Abnéos. – Oiax a tué Demokos... Rattrapez-le !... Châtiez-le !
Hector. – C'est moi, Demokos, avoue-le ! Avoue-le, ou je t'achève !
Demokos. – Non, mon cher Hector, mon bien cher Hector. C'est Oiax ! Tuez Oiax !
Cassandre. – Il meurt, comme il a vécu, en coassant.
Abnéos. – Voilà... Ils tiennent Oiax... Voilà. Ils l'ont tué !
Hector, *détachant les mains d'Andromaque.* – Elle aura lieu.

Les portes de la guerre s'ouvrent lentement. Elles découvrent Hélène qui embrasse Troïlus.

Cassandre. – Le poète troyen est mort... La parole est au poète grec[4].

Le rideau tombe définitivement.

La victoire d'Hélène ?

Troïlus a résisté à la tentation d'embrasser Hélène pendant tout l'acte, comme Hector a résisté à la tentation de la guerre. Hélène avait prédit ce baiser (II, 2) : « Nous nous embrasserons, Troïlus. Je t'en réponds. » Donc, elle triomphe de Troïlus et de la pureté. La guerre est déclarée. Hélène, la Grecque, a vaincu les Troyens. ■

4. La parole est donc laissée à Homère qui raconte la guerre de Troie dans l'*Iliade*.

Frère Raoul, *Le Cheval de Troie* dans le *Recueil des histoires de Troie* (1495), manuscrit à peinture, BnF, Paris.

« *Une guerre est toujours*
la dernière des guerres. »

Jean Giraudoux, *Amphitryon 38* (I, 3)

Relire...
La guerre de Troie n'aura pas lieu

1935

Jean Giraudoux

Texte intégral

Testez votre lecture

ACTE I

1 Hector rentre à Troie : d'où vient-il ? Quelles nouvelles apprend-il à son retour ?

2 Pâris a enlevé Hélène et les Grecs veulent la récupérer : que réclame Hector à Pâris ? Ce dernier consent-il à rompre avec Hélène ? Qui les deux frères décident-ils finalement de prendre pour arbitre ?

3 Qui, parmi les Troyens, veut garder Hélène à Troie et ainsi provoquer la guerre ? Pour quelles raisons ? Qui, au contraire, est partisan de la paix ?

4 Quelle est l'attitude d'Hélène tout au long de cet acte ? A-t-elle fait son choix à la fin ?

ACTE II

5 Quels éléments permettent de voir que la guerre se prépare ?

6 Quel est le rôle de Busiris ? En quoi peut-on dire qu'Hector fait pression sur lui ?

7 Analysez le rôle des dieux dans cet acte : en quoi peut-on dire que ceux-ci sont ridiculisés et inefficaces ?

8 Que laisse espérer l'arrivée d'Ulysse à Troie ? Comment son entretien avec Hector se passe-t-il ?

9 Andromaque a-t-elle changé de discours depuis le premier acte ? À quoi est-elle prête à se résigner ?

10 Quel personnage précipite le déclenchement de la guerre ? Le lecteur pouvait-il s'y attendre ?

11 L'acte II s'ouvre et se ferme sur le personnage de Troïlus. Alors que celui-ci refuse d'embrasser Hélène au début, il y consent finalement : comment peut-on interpréter cette évolution ?

Jean Giraudoux et Louis Jouvet.

Structure de l'œuvre

Scènes	Actions
	Acte premier *Lieu : terrasse d'un rempart dominé par une terrasse et dominant d'autres remparts.*
1	Dialogue entre Andromaque et Cassandre : la guerre de Troie aura-t-elle lieu ? Annonce du retour d'Hector victorieux d'une guerre précédente. Il rentre chez son épouse, Andromaque, qui est enceinte.
2	*Transition* : retrouvailles entre Andromaque et Hector. Cassandre annonce à Hector qu'il va être père.
3	Dialogue entre Andromaque et Hector sur leur fils à naître, puis sur la guerre. Après avoir fait l'éloge de la guerre, Hector affirme la détester. Mais la guerre est proche : Pâris a enlevé Hélène aux Grecs qui la réclament.
4	Hector demande à Pâris de rendre Hélène aux Grecs. Pâris refuse d'obéir. Tous deux décident de s'en remettre au jugement de leur père, Priam. On voit, depuis la terrasse, Hélène et les vieillards qui l'observent avec concupiscence.
5	*Transition* : les vieillards sont en admiration devant Hélène, ce qui agace Hector.
6	Hector veut convaincre Priam de fermer les portes de la guerre. Andromaque supplie Priam de renoncer à la guerre. Hector lance finalement un défi à Pâris : ce dernier devra laisser repartir Hélène, si celle-ci accepte de s'embarquer.
7	*Transition* : apparemment convaincue par Pâris, Hélène affirme qu'elle ne repartira jamais en Grèce.
8	Hector tente de savoir si Hélène aime vraiment Pâris. Il en conclut qu'elle n'aime que les hommes, en général.
9	Hector annonce à Cassandre qu'Hélène va repartir. Mais cette dernière n'a apparemment pas fait son choix. Par ailleurs, elle semble lire dans l'avenir les événements de la guerre de Troie. Un messager annonce l'arrivée des Grecs.
10	Dialogue entre Hélène et Cassandre. Cassandre invoque la Paix, qui apparaît tel un fantôme malade.
	Acte deuxième *Lieu : square clos de palais. À chaque angle, échappée sur la mer. Au centre, un monument, les portes de la guerre. Elles sont grandes ouvertes.*
1	*Scène de séduction :* Hélène invite le jeune Troïlus à l'embrasser.
2	Pâris taquine Troïlus et finalement c'est lui qui embrasse Hélène.
3	*Transition* : Demokos veut fixer en son esprit l'image d'Hélène pour composer un chant sur elle.
4	Affrontement entre Hécube et Demokos qui a décidé de tenir un premier conseil de guerre. On cherche un chant de guerre. Le géomètre invite à s'intéresser aux épithètes que les guerriers doivent s'adresser pendant le combat. Pâris estime ce concours d'épithètes inutile. Demokos le met alors au défi d'en trouver face à Abnéos et à lui-même.

5	Hector veut fermer les portes de la guerre, mais Priam pense que la guerre aura lieu et qu'il ne faut pas laisser débarquer les Grecs (notamment Ulysse). Intervention de Busiris : les Grecs ont manqué par trois fois aux règles du droit international, outrageant ainsi les Troyens. Il fait notamment allusion à l'arrivée en ville d'Oiax. Hector demande alors à Busiris de changer la version des faits afin qu'il ne soit plus question d'outrage. Il le menace de l'emprisonner. Busiris obéit : l'honneur des Troyens est sauf ! Hector peut recevoir Ulysse. Le géomètre demande à Hector de prononcer le discours dû aux morts par le général victorieux au retour d'une guerre. Hector finit par s'exécuter. Les portes se ferment et les Grecs débarquent en musique. On comprend qu'Andromaque, pendant ce temps, a confié un message à la petite Polyxène.
6	Polyxène demande à Hélène de partir au nom de l'amour de celle-ci pour les Troyens. Mais Hélène la convainc facilement de l'absurdité de sa démarche.
7	Hécube vient chercher sa fille un peu traumatisée par son entretien avec Hélène.
8	Andromaque demande à Hélène d'aimer Pâris : la guerre serait alors justifiée. Face aux hésitations d'Hélène, Andromaque invoque la pitié, sentiment dont Hélène semble dépourvue.
9	Oiax arrive, à la recherche de Pâris pour le tuer. Il veut la guerre qu'Hector continue à refuser. Pour le provoquer davantage, Oiax gifle Hector sous les yeux d'Andromaque.
10	Oiax apprend à Demokos qu'il a giflé Hector. Puis il gifle à son tour Demokos. Devant les appels à la vengeance de ce dernier, Hector le gifle sous les yeux d'Oiax.
11	Demokos hurle à Priam qu'il s'est fait gifler par Hector et Oiax. Oiax s'approche d'Hector et s'excuse.
12	Arrivée d'Ulysse qui vient chercher Hélène. Hector croit que la guerre sera évitée. Seulement Ulysse y met une condition : il faut que Pâris ait respecté Hélène. Hector affirme que c'est le cas. Ulysse questionne Pâris et Hélène qui confirment les dires d'Hector. Intervention des gabiers qui racontent ce qu'ils ont vu sur le bateau. Apparition d'Iris qui apporte des messages contradictoires, voire absurdes, des dieux.
13	Ulysse et Hector se retrouvent seuls. Ulysse semble dire qu'ils sont tous deux impuissants face à la guerre qui se prépare. Par ailleurs, il avoue que les Grecs ont d'autres mobiles qu'Hélène pour s'attaquer à Troie. Mais alors qu'Hector comprend que la guerre est inévitable, Ulysse accepte de reprendre Hélène et de rejoindre un navire.
14	Andromaque, qui a tout entendu, semble avoir perdu confiance. Oiax arrive ivre et tente de la prendre dans ses bras. Cassandre l'invite à rejoindre Ulysse au port. Au départ d'Oiax correspond l'arrivée de Demokos, furieux qu'Hector ait rendu Hélène. Hector frappe Demokos et annonce que la guerre n'aura pas lieu. Jeu de rideau qui tombe puis remonte. Abnéos demande qui a tué Demokos. Ce dernier, mourant, accuse injustement Oiax : le motif de la guerre est trouvé ! Les Troyens rattrapent Oiax et le tuent. La guerre aura donc lieu et les portes de la guerre s'ouvrent sur Hélène embrassant Troïlus.

Pause lecture 1

La guerre : entre fascination et répugnance

Acte I, scène 3, l. 150 à 231, p. 18 à 20

Retour au texte

1 • Sur l'ensemble du passage, quel rôle tient Andromaque ?

2 • En quoi la réplique « *Je crois plutôt que je la hais… Puisque je ne l'aime plus.* » (l. 195-196) opère-t-elle un basculement dans cette scène ?

Interprétations

La fascination héroïque

3 • Hector décrit l'ennemi (l. 172-179) : en quoi peut-on dire que celui-ci est simplement humain ? Reliez votre réponse au texte de Pascal (texte 1, p. 115).

4 • Quelle conception de la guerre et du combat Hector donne-t-il dans ses propos ?

5 • Pourquoi Hector utilise-t-il le pronom *on* ?

Les promesses non tenues de la guerre

6 • « Et la guerre d'ailleurs a vu que j'avais compris. Et elle ne se gênait plus. » (l. 229-230) : quel procédé d'écriture Hector utilise-t-il ici pour évoquer la guerre ? Pourquoi ?

7 • Relevez les éléments du discours de propagande guerrière mis en avant par Hector. En quoi peut-on dire qu'il s'est fait des illusions ? Pourquoi est-il aussi question d'illusions dans le texte 2, p. 115 ?

L'omniprésence de la mort

8 • Hector évoque une « petite délégation que les dieux vous donnent à l'instant du combat » : qu'entend-il par cette expression ? Commentez.

9 • Quelle justification Hector donne-t-il au fait de donner la mort en temps de guerre ?

Et vous ?

Écriture d'invention

Imaginez la lettre qu'aurait pu écrire un soldat à ses proches lorsqu'il prend conscience des horreurs de la guerre après avoir cru aux discours de propagande exhortant au combat.

Vers l'oral du bac

1 **Question sur l'extrait étudié –** Montrez que l'image de la guerre oscille, dans cet extrait, entre humanité et inhumanité.

2 **Question sur un autre extrait –** En quoi les propos de Priam (I, 6, l. 697-742), en s'opposant aux arguments d'Andromaque, relèvent-ils du discours de propagande ?

Texte 1 • Blaise Pascal, *Pensées*, 1669

Dans un siècle fasciné par la guerre, les moralistes, comme Pascal (1623-1662), prennent position contre la guerre, ses motivations et ses méfaits.

Pourquoi me tuez-vous ? – Eh quoi ! ne demeurez-vous pas de l'autre côté de l'eau ? Mon ami, si vous demeuriez de ce côté, je serais un assassin, et cela serait injuste de vous tuer de la sorte ; mais puisque vous demeurez de l'autre côté, je suis un brave, et cela est juste.

Texte 2 • Erich Maria Remarque, *À l'Ouest rien de nouveau*, 1929

Paul Baümer, le narrateur de l'histoire, est un jeune soldat allemand de la guerre de 1914. Il évoque ici son éducateur Kantorek et les discours mensongers des bellicistes.

Kantorek, pendant les leçons de gymnastique, nous fit des discours jusqu'à ce que notre classe tout entière se rendît, en rang, sous sa conduite, au bureau de recrutement, pour demander à s'engager. Je le vois encore devant moi, avec ses lunettes qui jetaient des étincelles, tandis qu'il nous regardait et qu'il disait d'une voix pathétique :

– Vous y allez tous, n'est-ce pas, camarades ?

Ces éducateurs-là ont presque toujours leur pathétique prêt dans la poche de leur gilet ; il est vrai qu'ils le distribuent à toute heure, sous forme de leçons. Mais alors nous ne pensions pas encore à cela. […]

Ils auraient dû être pour nos dix-huit ans des médiateurs et des guides nous conduisant à la maturité, nous ouvrant le monde du travail, du devoir, de la culture et du progrès, – préparant l'avenir. Parfois nous nous moquions d'eux et nous leur jouions de petites niches[1], mais au fond nous avions foi en eux.

1. Farces.

La notion d'une autorité, dont ils étaient les représentants, comportait, à nos yeux, une perspicacité plus grande et un savoir plus humain. Or, le premier mort que nous vîmes anéantit cette croyance. Nous dûmes reconnaître que notre âge était plus honnête que le leur. Ils ne l'emportaient sur nous que par la phrase et l'habileté. Le premier bombardement nous montra notre erreur et fit écrouler la conception des choses qu'ils nous avaient inculquée.

Ils écrivaient, ils parlaient encore, et nous, nous voyions des ambulances et des mourants ; tandis que servir l'État était pour eux la valeur suprême, nous savions déjà que la peur de la mort est plus forte. Malgré cela, nous ne devînmes ni émeutiers, ni déserteurs, ni lâches (tous ces mots-là leur venaient si vite à la bouche !) ; nous aimions notre patrie tout autant qu'eux et lors de chaque attaque nous allions courageusement de l'avant ; mais déjà nous avions appris à faire des distinctions, nous avions tout d'un coup commencé de voir et nous voyions que de leur univers rien ne restait debout. Nous nous trouvâmes soudain épouvantablement seuls, – et c'est tout seuls qu'il nous fallait nous tirer d'affaire.

Pause lecture 2 — Peut-on échapper aux forces de l'Histoire ?

Acte I, scène 9, p. 45-50

Retour au texte

1 • Hector pense-t-il avoir convaincu Hélène au début de la scène ? A-t-il raison ?

Interprétations

Éviter la guerre

2 • Sur quel argument Hector s'appuie-t-il pour montrer que la guerre est évitable ? Cet argument est-il valable ?

3 • Dans la réplique où il évoque la remise d'Hélène aux Grecs, à quel temps Hector parle-t-il ? Pourquoi ?

4 • « Tu repartiras ce soir pour la Grèce, Hélène, ou je te tue. » (l. 1039-1040) : quel sens peut-on donner à cette menace ?

La puissance des événements

5 • Relevez, dans les propos d'Hélène, ce qui constitue un aveu d'impuissance face au destin.

6 • Énumérez les différentes scènes évoquées par Hélène. À quels épisodes de la légende est-il fait allusion ? (Aidez-vous des textes 1 et 2, p. 118-119).

7 • Commentez la formule d'Hector : « gravures prêtes de toute éternité » (l. 1001-1002). Que révèle-t-elle ?

8 • Pourquoi peut-on dire que l'arrivée successive des deux messagers complique les choses ? L'Histoire ne se fait-elle pas « en-dehors » d'Hector ?

9 • En quoi peut-on parler de tragique ici ?

Et vous ?

Écriture

Michel Raimond a écrit à propos de l'action d'Hector qu'il s'agit d'une « action de retardement qui tend à faire en sorte que la question reste intacte à la fin ». Justifiez ces propos en un paragraphe argumenté.

Vers l'oral du bac

1 **Question sur l'extrait étudié** – Étudiez la progression dramatique de la scène qui amène Hector à déclarer : « j'ai perdu. » (l. 1072, p. 50).

2 **Question sur un autre extrait** – Relisez la scène 8 de l'Acte I. En quoi les scènes 8 et 9 montrent-elles l'ambiguïté du personnage d'Hélène ?

Texte 1 • Homère, *Iliade*, VIIIe s. av. J.-C.

Achille, pour venger la mort de son ami Patrocle, tue Hector, le meurtrier de ce dernier.

La mort, qui tout achève, déjà l'enveloppe. Son âme quitte ses membres et s'en va, en volant, chez Hadès, pleurant sur son destin, abandonnant la force et la jeunesse. Il est déjà mort, quand le divin Achille dit :

« Meurs : la mort, moi, je la recevrai le jour où Zeus et les autres dieux immortels voudront bien me la donner. »

Il dit et retire du mort sa pique de bronze, qu'il laisse de côté ; puis, des épaules, il détache les armes sanglantes. Les fils des Achéens de tous côtés accourent. Ils admirent la taille, la beauté enviable d'Hector. Aucun d'eux ne s'approche sans lui porter un coup, et chacun alors de dire en regardant son voisin :

« Oh ! oh ! cet Hector-là est vraiment plus doux à palper que celui qui naguère livrait nos nefs[1] à la flamme brûlante ! »

Voilà comment tous parlent, pour s'approcher ensuite et frapper le mort. Mais le divin Achille aux pieds infatigables a cependant fini de le dépouiller. [...]

Au divin Hector il prépare un sort outrageux. À l'arrière des deux pieds, il lui perce les tendons entre cheville et talon ; il y passe des courroies, et il les attache à son char, en laissant la tête traîner. Puis il monte sur le char, emportant les armes illustres ; d'un coup de fouet, il enlève ses chevaux, et ceux-ci pleins d'ardeur s'envolent. Un nuage de poussière s'élève autour du corps ainsi traîné ; ses cheveux sombres se déploient ; sa tête gît toute dans la poussière – cette tête jadis charmante et que Zeus maintenant livre à ses ennemis, pour qu'ils l'outragent à leur gré sur la terre de sa patrie !

Chant XXII, © Bayard-Les Belles Lettres, trad. P. Mazon, texte cité dans *La Grèce antique, les plus beaux textes d'Homère à Origène*, dir. J. de Romilly, p. 61-62, 2003.

1. Navires.

Texte 2 • Homère, *Iliade*, VIIIe s. av. J.-C.

Au milieu des combats, Hector se retire quelque temps et rejoint sa femme Andromaque et son fils Astyanax. Après avoir parlé à Andromaque, Hector se tourne vers son enfant.

Ainsi dit l'illustre Hector, et il tend les bras à son fils. Mais l'enfant se détourne et se rejette en criant sur le sein de sa nourrice à la belle ceinture : il s'épouvante à l'aspect de son père ; le bronze lui fait peur, et le panache aussi en crins de cheval, qu'il voit osciller, au sommet du casque, effrayant. Son père éclate de rire, et sa digne mère. Aussitôt, de sa tête, l'illustre Hector ôte son casque : il le dépose, resplendissant, sur le sol. Après quoi, il prend son fils, et le baise, et le berce en ses bras, et dit, en priant Zeus et les autres dieux :

« Zeus ! et vous tous, dieux ! Permettez que mon fils, comme moi, se distingue entre les Troyens, qu'il montre une force égale à la mienne, et qu'il règne, souverain, à Ilion ! Et qu'un jour l'on dise de lui : « Il est encore plus vaillant que son père », quand il rentrera du combat ! Qu'il en rapporte les dépouilles sanglantes d'un ennemi tué, et que sa mère en ait le cœur en joie ! »

Il dit et met son fils dans les bras de sa femme ; et elle le reçoit sur son sein parfumé, avec un rire en pleurs.

Chant VI, © Bayard-Les Belles Lettres, trad. P. Mazon, texte cité dans *La Grèce antique, les plus beaux textes d'Homère à Origène*, dir. J. de Romilly, p.35, 2003.

Pause lecture 3 — Le discours aux morts : une parodie ?

Acte II, scène 5, l. 1605-1677, p. 68-71

Retour au texte

1 • Après l'intervention de Busiris, la paix semble-t-elle sauvée ?

Interprétations

Qu'est-ce qu'un discours aux morts ?

2 • Quelle est la tonalité de la réplique, (l. 1605-1607) du géomètre ? Comment comprendre la locution *en tout cas* ?

3 • Priam dit : « La cérémonie le comporte. [...] quand les portes se ferment. » (l. 1608-1610). À quel temps parle-t-il ? Pourquoi ?

4 • En quoi la réponse d'Hector s'oppose-t-elle à la réplique de son père ?

Une parodie du discours aux morts

1re version du discours d'Hector (l. 1616-1630)

5 • Quelle tonalité les éléments réalistes de cette version donnent-ils au texte ?

6 • Pourquoi Hector rapporte-t-il les mensonges qu'il a proférés aux mourants ?

2de version (l. 1640-1677)

7 • Analysez les apostrophes aux morts ; quel paradoxe en ressort ?

8 • De quoi Hector a-t-il honte ?

9 • Le discours aux morts est-il une récompense valable aux yeux d'Hector ? Quelle est, pour lui, la récompense ultime ?

10 • En quoi Hector montre-t-il finalement qu'il n'est pas dupe ? Établissez un lien avec le texte de Barbusse (p. 121).

Et vous ?

Écriture d'invention

Imaginez le discours aux morts que Priam aurait pu prononcer à la place d'Hector pour rendre hommage aux morts de la guerre.

Vers l'oral du bac

1 **Question sur l'extrait étudié** – En quoi s'agit-il, dans ce passage, d'une démystification du genre littéraire qu'est le discours aux morts ?

2 **Question sur un autre extrait** – Relisez l'entretien entre Priam et Andromaque à la scène 6 de l'acte I, l. 707-745, p. 37-38 : en quoi la parole mensongère y est-elle également dénoncée ?

Texte • Henri Barbusse, *Le Feu*, 1916

Le Feu *est le journal d'une escouade pendant la guerre de 1914. La scène qui suit intervient à la fin de l'œuvre.*

– Ils te diront, grogna un homme à genoux, penché, les deux mains dans la terre, en secouant les épaules comme un dogue : « Mon ami, t'as été un héros admirable ! » J'veux pas qu'on m'dise ça !

« Des héros, des espèces de gens extraordinaires, des idoles ? Allons donc ! On a été des bourreaux. On a fait honnêtement le métier de bourreaux. On le r'fera encore, à tour de bras, parce qu'il est grand et important de faire ce métier-là pour punir la guerre et l'étouffer. Le geste de tuerie est toujours ignoble – quelquefois nécessaire, mais toujours ignoble. Oui, de durs et infatigables bourreaux, voilà ce qu'on a été. Mais qu'on ne me parle pas de la vertu militaire parce que j'ai tué des Allemands.

– Ni à moi, cria une autre voix si haute que personne n'aurait pu lui répondre, même si on avait osé, ni à moi, parce que j'ai sauvé la vie à des Français ! Alors, quoi, ayons le culte des incendies à cause de la beauté des sauvetages !

– Ce serait un crime de montrer les beaux côtés de la guerre, murmura un des sombres soldats, même s'il y en avait !

– On t'dira ça, continua le premier, pour te payer en gloire, et pour se payer aussi de c'qu'on n'a pas fait. Mais la gloire militaire, ce n'est même pas vrai pour nous autres, simples soldats. Elle est pour quelques-uns, mais en dehors de ces élus, la gloire du soldat est un mensonge comme tout ce qui a l'air d'être beau dans la guerre. En réalité, le sacrifice des soldats est une suppression obscure. Ceux dont la multitude forme les vagues d'assaut n'ont pas de récompense. Ils courent se jeter dans un effroyable néant de gloire. On ne pourra jamais accumuler même leurs noms, leurs pauvres petits noms de rien.

Pause lecture 4 Le duo avant l'orchestre : une conversation vaine ?

Acte II, scène 13, l. 2415-2508, p. 98-101

Retour au texte

1 • Qui prend les rênes de la conversation ? Qu'est-ce que cela augure ?

Interprétations

L'ultime rencontre

2 • Comment Ulysse présente-t-il toute rencontre diplomatique avant la guerre ? Analysez les détails réalistes et le vocabulaire qui qualifie les deux chefs d'État.

3 • Relevez les éléments du texte qui montrent que la rencontre entre Hector et Ulysse n'est que la répétition de toutes celles qui précèdent les guerres.

4 • Comparez les expressions *conversation d'ennemis* et *duo avant l'orchestre* puis *duo des récitants* (l. 2440-2443). De quelle nature est la métaphore utilisée par Ulysse ? Quel sens pouvez-vous lui donner ?

Ulysse, initiateur du Destin

5 • « Et le lendemain pourtant éclate la guerre » (l . 2430-2431) : que semble impliquer cette déclaration d'Ulysse ?

6 • Qu'entend Ulysse par l'expression *petite politique* (l. 2469) ?

7 • Quelle différence Ulysse fait-il entre ennemi et adversaire ?

8 • Quelle est la véritable cause de la guerre ? En quoi Troie est-elle comparable à l'« espace vital » que réclamait Hitler pour les Allemands ?

Et vous ?

Exposé

En 1937, Giraudoux écrivait : « Je n'ai pas encore vu, dans les critiques que j'ai lues, qu'on ait compris mon personnage d'Ulysse. Je l'ai fait jeune, séducteur, tendeur d'embûches. […] On l'a vu modèle de sagesse et de grandeur d'âme » À la lecture de cette citation, de la pièce et des textes, vous présenterez le personnage d'Ulysse.

Vers l'oral du bac

1 **Question sur l'extrait étudié –** L'expression *duo avant l'orchestre* utilisée par Ulysse vous semble-t-elle justifiée pour caractériser l'ensemble du passage ?

2 **Question sur un autre extrait** – Relisez la suite de la scène. Analysez l'attitude d'Hector : en quoi peut-on dire que celui-ci n'est pas à la hauteur d'Ulysse ?

Texte 1 • Homère, *Iliade*, VIIIe s. av. J.-C.

Hélène, sur les remparts de Troie, est interrogée par l'un des vieillards sur l'identité d'Ulysse.

Et la fille de Zeus, Hélène, lui répond :

« Celui-là, c'est le fils de Laërte, l'industrieux Ulysse. Il a grandi dans le pays d'Ithaque et sur son sol rocheux. Il est expert en ruses de tout genre autant qu'en subtils pensers. »

Lors[1] le sage Anténor la regarde et lui dit :

« Ah ! femme, qu'il est vrai, le mot que tu dis là ! Un jour déjà il est venu ici, le divin Ulysse. Il portait un message qui te concernait ; et Ménélas chéri d'Arès l'accompagnait. C'est moi qui les hébergeai et qui leur fis accueil en ma maison. Je pus juger de leur stature comme de leurs subtils pensers. Bientôt ils pénétraient dans l'assemblée troyenne. Tant qu'ils étaient debout, Ménélas dépassait l'autre de toutes ses larges épaules ; quand ils s'asseyaient en revanche, Ulysse était plus imposant. Mais, l'heure venue d'ourdir pour le public les idées et les mots, Ménélas sans doute parlait aisément ; peu de paroles, mais sonnant bien ; il n'était ni prolixe[2] certes, ni maladroit – il était moins âgé aussi. Mais quand l'industrieux Ulysse, à son tour, se dressait, il restait là, debout, sans lever les yeux, qu'il gardait fixés à terre ; il n'agitait le sceptre en avant ni en arrière, il le tenait immobile et semblait lui-même ne savoir que dire. Tu aurais cru voir un homme qui boude ou, tout bonnement, a perdu l'esprit. Mais à peine avait-il laissé sa grande voix sortir de sa poitrine, avec des mots tombant pareils aux flocons de neige en hiver, aucun mortel alors ne pouvait plus lutter avec Ulysse, et nous songions moins désormais à admirer sa beauté. »

Chant III, © Bayard-Les Belles Lettres, trad. P. Mazon, texte cité dans *La Grèce antique, les plus beaux textes d'Homère à Origène*, dir. J. de Romilly, p. 27, 2003.

1. Alors.
2. Bavard.

Texte 2 • Sophocle, *Philoctète*, 408 av. J.-C.

Philoctète est abandonné par Ulysse sur une île car il est atteint d'une plaie infectée. Mais Philoctète possède les flèches qu'Héraklès lui laissa en mourant. Posséder ces flèches devient indispensable pour les Grecs à Troie. Ulysse vient donc les rechercher, accompagné de Néoptolème, le fils d'Achille...

NÉOPTOLÈME. – Que m'ordonnes-tu donc ?

ULYSSE. – De captiver Philoctète par tes discours artificieux. Lorsqu'il te demandera qui tu es, d'où tu viens, dis-lui que tu es le fils d'Achille (pourquoi le cacher ?) et que tu retournes chez toi, désertant notre base navale. Feins de garder rancune aux Achéens[1] de ce que, après t'avoir supplié de tout quitter pour les rejoindre – et c'est la vérité que, sans toi, Ilion[2] restera imprenable – ils t'ont refusé les armes d'Achille, bien qu'elles te revinssent de droit, pour les donner à Ulysse. Charge-moi des plus noirs méfaits qu'il te plaira d'imaginer, je ne m'en fâcherai point, au contraire ; m'épargner serait faire le malheur de tous les Argiens[3]. En effet, si nous ne mettons la main sur les flèches de cet homme, il n'est pas en ton pouvoir de ravager les champs de Dardanos[4]. Apprends aussi ce qui m'empêche de l'aborder, alors que tu le peux, toi, sans aucun risque. Lorsque tu as pris la mer, aucun serment ne te liait, personne ne t'a contraint, tu n'étais pas du premier départ : autant de griefs contre moi que je ne pourrais éluder. De là que, tant qu'il sera maître de son arme, je suis perdu s'il m'aperçoit – et, bien entendu, ma mort entraînerait la tienne. Ce qu'il faut inventer, c'est donc un stratagème qui fasse passer entre tes mains, sans qu'il s'en doute, ces flèches invincibles. Je le sais, mon petit, tu n'es pas fait pour parler ce langage ; l'artifice te répugne ; mais quoi ! ils sont doux à cueillir, les fruits de la victoire. De l'audace ! Nous nous montrerons plus honnêtes gens une autre fois. Pour une

1. Aux Grecs.
2. Autre nom de Troie.
3. Autre nom pour désigner les Grecs.
4. Fondateur d'une ville qui deviendra Troie.

faible partie de cette journée, faisant taire tes scrupules, soumets-toi sans réserve à mes directives. Tu as toute la vie pour t'acquérir un renom de parfaite loyauté.

NÉOPTOLÈME. – Ce que j'entends avec dégoût, fils de Laërte, j'en déteste aussi la pratique. Je suis ainsi fait que les moyens vils me font horreur. Il paraît même qu'en cela je tiens de mon père. Je suis prêt à emmener notre victime de vive force ; mais par la ruse, non ferai-je. D'ailleurs, avec son unique pied valide, il ne pourra pas grand'chose contre nous, qui avons le nombre. On m'a envoyé ici pour être ton second, c'est vrai ; mais j'hésite à passer pour un fourbe. Oui, prince, je préfère encore un échec honorable à une lâche victoire.

ULYSSE. – Digne fils d'un vaillant père ! Moi aussi, dans ma jeunesse j'avais moins d'entrain pour débattre que pour me battre. Depuis lors, la vie m'a enseigné que c'est la langue plus que la prouesse qui mène le monde.

Philoctète, de Jean-Pierre Siméon, d'après Sophocle, mise en scène de Christian Schiaret, théâtre de l'Odéon, 2009, avec David Mambouch (Néoptolème) et Laurent Terzieff (Philoctète).

La guerre

• La question centrale du texte est celle-ci : la guerre aura-t-elle lieu ? Et l'ensemble de la pièce oscille entre deux solutions : tantôt la guerre semble inéluctable, tantôt on se prend à croire à la paix. Il est remarquable que le dénouement de la pièce se fasse en deux temps, mettant en scène de manière presque cynique l'alternative posée dès le début du texte. Il faut noter l'ironie du titre, qui ruse en utilisant la négation, alors que, depuis Homère, tout le monde connaît la suite de l'histoire. *La Guerre de Troie n'aura pas lieu* est donc une œuvre étrangement prophétique : Hélène, la devineresse, voit les futures scènes de la guerre, mais de fait, celle-ci est déjà écrite, déjà là.

• On sait que Giraudoux n'a pas toujours détesté la guerre, mais il évolue vers un pacifisme de plus en plus grand. Il réfléchit à la futilité des motifs qui, souvent, provoquent les conflits (faire la guerre pour une femme !), à la question de la guerre juste (si au moins Hélène et Pâris s'aimaient…), aux relations entre soldats ennemis (subtile distinction entre ennemi et adversaire, acte II, scène 13), au pouvoir de la propagande (cette parole mensongère est notamment attaquée par Andromaque et Hector) et critique la poésie de Demokos, chantre de la guerre. On peut donc qualifier *La Guerre de Troie n'aura pas lieu* d'œuvre pacifiste, même si son héros Hector, semblant vouloir la paix à tout prix, reste fasciné par la guerre…

Le couple et l'amour

• Le couple est également un thème important de la pièce. Hélène et Pâris forment le couple à l'origine du conflit. Ils en ont brisé un autre : celui d'Hélène et Ménélas, le mari trompé. On s'interroge sur la nature des relations entre Hélène et Pâris : Pâris a-t-il emmené Hélène sous la contrainte ? Ont-ils eu des relations sexuelles ou l'honneur de Ménélas est-il sauf ? S'aiment-ils vraiment ? Les anti-bellicistes ne le pensent pas. Andromaque souhaite finalement qu'ils s'aiment pour donner un prétexte honorable à la guerre. Quel est donc ce couple ? Même si elle incarne le désir amoureux, l'attraction des sens, Hélène semble assez indifférente, voire froide à l'égard de Pâris ; la pièce se termine d'ailleurs sur le baiser qu'elle donne à Troïlus, suggérant par là que le soi-disant lien entre les deux amoureux n'est qu'un alibi pour faire la guerre.

• Deux autres couples interviennent : celui de Priam et Hécube, le vieux couple sans illusions montrant l'incompatibilité entre les hommes et les femmes (I, 6), et celui d'Hector et Andromaque. Ce dernier couple semble davantage incarner le bonheur. Cependant, Andromaque souligne le « désaccord originel » entre les époux.

• Ce désaccord entre les hommes et les femmes s'incarne dans le débat sur la guerre : les femmes défendent la paix tandis que la plupart des hommes sont des va-t-en-guerre. Les uns sont incapables de comprendre les autres.

Les dieux et le Destin

• Chez Giraudoux, les dieux ne sont pas très forts ! Iris, leur messagère, vient tenir des propos incohérents ; les dieux, indifférents, ne sont d'aucun secours auprès des hommes qui doivent se débattre seuls dans les difficultés.

• Même si les dieux sont ridiculisés dans la pièce, ils interviennent un peu ; on parle d'eux. En effet, Giraudoux s'inspire de la mythologie. Mais un déplacement s'opère : la foi religieuse est inexistante et on trouve le Destin à la place des dieux ; bien plus, même les dieux semblent y être soumis. Et le Destin est implacable et ironique ; la métaphore qui lui est associée – le tigre qui dort – est éloquente : c'est un animal dangereux – ou susceptible de l'être puisqu'il dort...–, prêt à dévorer l'homme. Le Destin, c'est aussi, comme le dit Cassandre, « la forme accélérée du temps », montrant l'urgence qu'il incarne et aussi l'impuissance humaine à lutter contre.

Retour au texte

1 • Montrez de quelle façon Hélène est déjà là avant même d'intervenir à la scène 7 de l'acte I.

2 • Sur quels aspects Hélène vous semble-t-elle être un personnage ambigu ?

Interprétations

Hélène et la guerre

3 • Les Anciens ont délibéré sur la responsabilité d'Hélène dans le déclenchement de la guerre de Troie : qui Homère rend-il responsable du conflit (texte 1, p. 129) ? Analysez les arguments de Gorgias et ceux d'Hécube, chez Euripide, concernant les causes du rapt d'Hélène par Pâris (textes 3 et 4, p. 130 et 131).

4 • Que répond Pâris dans le texte de Giraudoux à la question d'Hector : « Comment l'as-tu enlevée ? Consentement ou contrainte ? » (I, 4, l. 309-310, p. 23) ? Comment interprétez-vous cette réponse ?

5 • Comment Hector considère-t-il Hélène lorsqu'il dit en I, 6 : « Dis-moi ce qu'elle nous a apporté, qui vaille une brouille avec les Grecs ? » (l. 547-548) ? La guerre de Troie est-elle une brouille ? Pourquoi ?

6 • Pour qui Hélène représente-t-elle une sorte de muse patriotique ? Justifiez votre réponse en relisant les scènes 3 et 4 de l'acte II, p. 56-63.

Hélène et l'amour

7 • Homère fait-il d'Hélène une amoureuse ? (texte 2, p. 129)

8 • Montrez que, chez Giraudoux, l'amour d'Hélène et de Pâris est sujet à discussion. Pensez-vous que Giraudoux nie cet amour ?

9 • En quoi peut-on dire qu'Hélène est un objet érotique dans *La Guerre de Troie n'aura pas lieu* ? Gorgias ne le disait-il pas déjà ? (texte 3, p. 130)

Hélène, instrument du destin

10 • Hélène est une devineresse, comme Cassandre : montrez que cette particularité est importante.

11 • Si Hélène est, comme le dit Ulysse, « l'otage du destin » (l. 2542), quel rôle lui est dès lors dévolu ?

Et vous ?

Écriture personnelle

Ulysse pense qu'Hector et Pâris se sont trompés sur Hélène : pensez-vous qu'il ait raison ?

Texte 1 • Homère, *Iliade*, VIIIe s. av. J.-C.

Hélène et Priam sont sur les remparts de Troie.

Élevant la voix, Priam appelle Hélène :

« Avance ici, ma fille, assieds-toi devant moi. Tu vas voir ton premier époux, tes alliés et tes amis. Tu n'es, pour moi, cause de rien : les dieux seuls sont cause de tout ; ce sont eux qui ont déchaîné cette guerre, source de pleurs, avec les Achéens. »

Chant III, © Bayard-Les Belles Lettres, trad. P. Mazon, texte cité dans *La Grèce antique, les plus beaux textes d'Homère à Origène*, dir. J. de Romilly, p. 25-26, 2003.

Texte 2 • Homère, *Iliade*, VIIIe s. av. J.-C.

Hector est chez son frère Pâris et Hélène vient lui parler.

C'est Hélène, qui, à Hector, adresse ces douces paroles :

« Pauvre beau-frère ! en moi tu n'as qu'une chienne, et méchante à glacer le cœur. Ah ! pourquoi donc le jour où m'enfantait ma mère, n'ai-je pas été prise, emportée par quelque horrible bourrasque sur une montagne, ou dans le flot de la mer bruissante, un flot qui m'eût enlevée, avant que tous ces crimes eussent vu le jour ? Ou, si les dieux nous ont réservé ces horreurs, pourquoi du moins n'ai-je donc pas été la femme d'un brave, capable de sentir la révolte, les affronts répétés des hommes ? Mais celui-là n'a nul ferme vouloir – il n'en aura jamais – et je crois bien dès lors qu'il en recueillera le fruit. En attendant, entre donc, frère, et prends ce siège. C'est toi surtout dont le cœur est assailli par le souci ; et cela, pour la chienne que je suis, et pour la folie d'Alexandre[1] ! Zeus nous a fait un dur destin, afin que nous soyons plus tard chantés des hommes à venir. »

Chant VI, © Bayard-Les Belles Lettres, trad. P. Mazon, texte cité dans *La Grèce antique, les plus beaux textes d'Homère à Origène*, dir. J. de Romilly, p. 32, 2003.

1. Autre nom de Pâris.

Texte 3 • Gorgias, *Éloge d'Hélène*, Ve s. av. J.-C.

Gorgias, sophiste, maître de rhétorique, pratique l'art de la persuasion plus que la recherche de la vérité. Son Éloge d'Hélène *en est un parfait exemple.*

Ainsi voudrais-je, dans ce discours, fournir une démonstration raisonnée qui mettra fin à l'accusation portée contre cette femme dont la réputation est si mauvaise. Je convaincrai de mensonge ses contempteurs[1] et, en leur faisant voir la vérité, je ferai cesser l'ignorance.

Que, par sa nature et son origine, la femme dont je parle en ce discours soit à mettre au premier rang parmi les premiers des hommes et des femmes, rares sont ceux qui ne s'en aperçoivent clairement. [...]

Avec une aussi noble parenté, elle hérita d'une beauté toute divine : recel qu'elle ne céla[2] pas. En plus d'un homme elle suscita plus d'un désir amoureux ; à elle seule, pour son corps, elle fit s'assembler, multitude de corps, une foule de guerriers animés de grandes passions en vue de grandes actions : aux uns appartenait une immense richesse, aux autres la réputation d'une antique noblesse, à d'autres la vigueur d'une force bien à eux, à d'autres, cette puissance que procure la possession de la sagesse ; et ils étaient tous venus, soulevés tant par le désir amoureux de vaincre que par l'invincible amour de la gloire. [...]

Ce qu'elle a fait, c'est par les arrêts du Destin, ou par les arrêts des dieux ou par les décrets de la Nécessité qu'elle l'a fait ; ou bien c'est enlevée de force, ou persuadée par des discours, ou prisonnière du désir.

[...] Dans ces conditions, comment pourrait-on estimer juste le blâme qui frappe Hélène ? Qu'elle soit une victime de l'amour, ou du discours persuasif, qu'elle ait été enlevée de force ou nécessitée à faire ce qu'elle a fait par la Nécessité divine, quoi qu'il en soit, elle échappe à l'accusation.

In : Les Présocratiques, © Gallimard, « Folio essais », éd. J.-P. Dumont, p. 710-714, 1991.

1. Détracteurs.
2. Cacher.

Texte 4 • Euripide, *Les Troyennes*, vers 415 av. J.-C.

Dans une tragédie dénonçant la guerre, Euripide met en scène le procès de la belle Hélène. Hécube répond aux arguments qu'Hélène utilise pour se défendre, tout cela sous les yeux de Ménélas.

En voyant mon fils dans son costume barbare et tout d'or éclatant, tu sentis ton âme s'affoler. En Argos, tu n'avais qu'un médiocre train de vie ; en abandonnant Sparte pour la cité phrygienne où coule un fleuve d'or, tu espérais pouvoir répandre à flots les prodigalités. Le palais de Ménélas ne suffisait pas à tes besoins de luxe insolent.

Voyons ! c'est de force, dis-tu, que mon fils t'a emmenée. Quelqu'un, à Sparte, s'en est-il aperçu ? As-tu poussé un cri de détresse ? [...] Tu arrives donc à Troie, les Argiens suivent ta trace, et c'est la lutte des lances meurtrières. Alors, à chaque nouvelle d'un succès de Ménélas, tu faisais son éloge, afin de tourmenter mon fils en montrant la grandeur du rival qui lui disputait ton amour. Au contraire, la chance favorisait-elle les Troyens, Ménélas n'était rien pour toi. Ainsi, ne regardant que la fortune, tu t'arrangeais pour être toujours de son parti, sans nul souci de la vertu.

Et puis, tu viens nous parler de cordes où tu attachais ton corps pour t'évader des remparts, et tu prétends que tu restais ici contre ton gré. Où donc t'a-t-on surprise en train de suspendre un lacet ou d'aiguiser un poignard, comme l'aurait fait une femme de cœur, regrettant son premier mari ? Et cependant, que de fois ne t'ai-je pas fait ces remontrances : « Pars, ma fille. Mon fils fera un autre mariage et je t'aiderai à gagner furtivement les vaisseaux des Achéens. Mets fin à la guerre entre les Grecs et nous. » Mais ce langage te paraissait amer. Il fallait le palais d'Alexandre à ton orgueil effrené et tu voulais recevoir les adorations des Barbares ; c'était pour toi la grande affaire.

Retour au texte

1 • Relevez les occurrences reprenant le titre de la pièce. Que montre leur fréquence ? Comment sonne ce titre ?

Interprétations

Du mythe à la parodie

2 • La plupart des personnages de la pièce sont mythiques : leur langage est-il à la hauteur de leur statut ? Justifiez votre réponse par des exemples précis.

3 • Quelle scène vous fait penser à du vaudeville ? Pourquoi Giraudoux l'a-t-il insérée ?

4 • Le personnage d'Oiax vous semble-t-il digne d'intervenir dans une tragédie ?

5 • En I, 6, Pâris dit : « Cette tribu royale... le rôle du fils séducteur. » (l. 790-794, p. 40). Qu'implique ici l'emploi du mot *rôle* ? Giraudoux écrit-il du théâtre de boulevard ?

6 • Les personnages échangent une série de gifles à la fin de la pièce : quelle est la tonalité de ce passage ?

7 • Que fait Hector en tuant Démokos ? Rapprochez cet événement de ce qu'il dit à Ulysse en II, 13 (l. 2561-2563, p. 103).

Où sont passés les dieux ?

8 • Commentez la réplique d'Hélène (II, 8, l. 1799-1800) en la mettant en regard avec l'ensemble de la pièce.

9 • En quoi l'arrivée d'Iris (II, 13) constitue-t-elle une parodie du deus ex machina classique ? Pourquoi peut-on dire que les dieux sont burlesques ?

Le Destin, ce tigre qui marche

10 • Lisez les didascalies indiquant le décor : quelle évolution notez-vous entre les deux actes ? Quel en est le symbole ?

12 • Relevez les métaphores du Destin ; comment les comprenez-vous ?

13 • Pourquoi Giraudoux met-il en scène deux dénouements successifs ? Dans le texte 2 (p. 134), il compare la tragédie à une course de taureau : quelle scène peut illustrer ce propos ?

Et vous ?

Écriture

Commentez cette phrase suivante extraite du texte 3, p. 135 : « Les auteurs tragiques de la première moitié du XXe siècle n'ont pas appelé leurs pièces "tragédies." Revisitant les mythes et les tragédies antiques, ils ont pourtant réfléchi à la notion de "tragique".»

Texte 1 • Jacques Robichez, *Le Théâtre de Giraudoux*, 1976

Le théâtre par excellence, c'est le théâtre tragique. Dès 1933, Giraudoux définit la tragédie comme « l'affirmation d'un lien horrible entre l'humanité et un destin plus grand que le destin humain ; c'est l'homme arraché à sa position horizontale de quadrupède par une laisse qui le retient debout, mais dont il sait toute la tyrannie et dont il ignore la volonté » (*Litt*, 292). Ces hommes, dressés sur la scène, constituent cette « humanité spéciale, chargée [...] de supporter les grands coups du sort » (*Litt*, 300). Quand le rideau se lève, le spectateur sait qu'ils « veulent bien ce soir souffrir, vivre et mourir à sa place » (*Impr*, 68). Il est clair que Giraudoux parle ici de son propre théâtre. Ces héros sont bien ceux de *La Guerre de Troie*, d'*Électre*, de *Sodome et Gomorrhe*, de *Pour Lucrèce*. « Surélevés », comme les peuples prédestinés décrits par Ulysse (*Guerre*, 183), leurs malheurs, leurs crimes, comme leurs vertus, sont purs de tout alliage, « la haine pure, la colère pure », autre définition de la tragédie (*Él*, 120), autre définition de l'œuvre de Giraudoux, à mesure qu'elle s'enrichit. On ne peut douter qu'il l'ait vue comme une série de tragédies, coupée de ces intermèdes, que sont *Ondine*, *La Folle de Chaillot* ou *L'Apollon de Bellac*.

Abréviations : *Litt : Littérature ; Impr : L'impromptu de Paris ; Guerre : La Guerre de Troie n'aura pas lieu ; Él : Électre.*

Texte 2 • Jean Giraudoux, *Littérature*, 1941

Or le spectacle que le Français préfère encore est le théâtre que Bellac[1] préférait. Les seuls appâts qui puissent attirer la foule de nos spectateurs pacifiques aux arènes de Nîmes ou de Saintes, ce sont encore, avec les courses de taureaux, variété animale de la tragédie, non pas les comédies ou les opérettes, mais les pièces qui ont pour titre *Philoctète* ou *Britannicus* : c'est le sang. Dans tous nos théâtres à ciel ouvert, *Andromaque* est jouée à guichets fermés. Depuis la guerre, la Comédie-Française et l'Odéon ont reçu plus de soixante tragédies où cette guerre ne semblait connue que sous sa forme médique ou carthaginoise. Le fanatisme avec lequel les abonnés du Théâtre-Français fréquentent cette institution vient d'ailleurs de ce qu'ils en ont suivi tous les acteurs dans des rôles de tragédie, et que, dans les comédies les plus modernes ou les plus frivoles, ils ne voient qu'un voile léger jeté sur des voix et des silhouettes tragiques. [...] La fête de la directrice, dans nos pensionnats de jeunes filles ne va jamais sans la représentation d'une Cléopâtre ou d'une Antigone, et l'immolation d'une de ces passionnés ou d'une de ces vierges est aussi nécessaire à l'allégresse générale que celle d'Iphigénie à la connivence du ciel grec. Notre plus grand poète passé est un poète tragique, notre plus grand poète futur le sera, nos plus grands acteurs ont toujours été des acteurs tragiques, nos plus grands hommes, de Napoléon à Renan, n'ont aimé que les spectacles tragiques.

1. Commune de naissance de Giraudoux ; l'étymologie de ce nom est *Belli vicus* : « le bourg de la guerre » !

Texte 3 • Nadine Toursel et Jacques Vassevière, *Littérature : textes théoriques et critiques*, 2012

Revendiquant une liberté qui, depuis le drame romantique et les prises de position de Victor Hugo dans la Préface de *Cromwell*, autorise le mélange des genres, les auteurs tragiques de la première moitié du XXe siècle n'ont pas appelé leurs pièces « tragédies ». Revisitant les mythes et les tragédies antiques, ils ont pourtant réfléchi à la notion de « tragique », expression d'une vision du monde dominé par l'urgence et un destin implacable, celui-ci pouvant s'inscrire dans un arrière-plan historique inspiré des événements dramatiques de cette époque. Cocteau rend sensible la situation tragique par la métaphore du piège, de la *machine infernale* : « Regarde spectateur, remontée à bloc, de telle sorte que le ressort se déroule avec lenteur tout au long d'une vie humaine, une des plus parfaites machines construites par les dieux infernaux pour l'anéantissement d'un mortel[1]. » Giraudoux met l'accent sur l'urgence tragique : le destin, « c'est simplement la forme accélérée du temps. C'est épouvantable[2]. » Anouilh reprend la métaphore du piège : dans la tragédie, « on sait qu'il n'y a plus d'espoir, le sale espoir ; qu'on est pris, qu'on est enfin pris comme un rat, avec tout le ciel sur son dos, et qu'on n'a plus qu'à crier – pas à gémir, non, pas à se plaindre –, à gueuler à pleine voix, ce qu'on avait à dire, qu'on n'avait jamais dit et qu'on ne savait peut-être même pas encore[3]. »

1. Jean Cocteau, *La Machine infernale*, 1934.
2. Jean Giraudoux, *La Guerre de Troie n'aura pas lieu*, 1935.
3. Jean Anouilh, *Antigone*, 1944.

Vers l'écrit du bac

Le personnage tragique au théâtre

▶ **Objet d'étude : le texte théâtral et sa représentation, du XVIIe siècle à nos jours**

Retour sur... *La Guerre de Troie n'aura pas lieu*

Relisez la scène 8 de l'acte II, p. 77 à 82 : comment Andromaque y apparaît-elle ?

Corpus complémentaire

Texte A – Jean Giraudoux, *La Guerre de Troie n'aura pas lieu* I, 3, l. 103-268 (1935)

Texte B – Jean Racine, *Andromaque* (1667)

Pyrrhus, roi grec d'Épire, veut épouser Andromaque, sa captive. Mais cette dernière refuse. À la scène 7, Pyrrhus a posé un ultimatum : il fera mourir Astyanax, le fils d'Andromaque, si celle-ci ne consent pas à l'épouser. Dans cette scène 8, Andromaque s'entretient avec sa confidente Céphise.

ANDROMAQUE

[…]
Dois-je oublier Hector privé de funérailles,
Et traîné sans honneur autour de nos murailles ?
Dois-je oublier son père à mes pieds renversé,
Ensanglantant l'autel qu'il tenait embrassé ?
Songe, songe, Céphise, à cette nuit cruelle,
Qui fut pour tout un peuple une nuit éternelle.
Figure-toi Pyrrhus, les yeux étincelants,
Entrant à la lueur de nos palais brûlants ;
Sur tous mes frères morts se faisant un passage,
Et de sang tout couvert échauffant le carnage.
Songe aux cris des vainqueurs, songe aux cris des mourants,

Dans la flamme étouffés, sous le fer expirants.
Peins-toi dans ces horreurs Andromaque éperdue.
Voilà comme Pyrrhus vint s'offrir à ma vue,
Voilà par quels exploits il sut se couronner,
Enfin voilà l'époux que tu me veux donner.
Non, je ne serai point complice de ses crimes.
Qu'il nous prenne, s'il veut, pour dernières victimes.
Tous mes ressentiments lui seraient asservis.

CÉPHISE
Hé bien, allons donc voir expirer votre fils.
On n'attend plus que vous. Vous frémissez, Madame ?

ANDROMAQUE
Ah ! de quel souvenir viens-tu frapper mon âme !
Quoi ? Céphise, j'irai voir expirer encor
Ce fils, ma seule joie, et l'image d'Hector ?
Ce fils, que de sa flamme il me laissa pour gage ?
Hélas ! je m'en souviens, le jour que son courage
Lui fit chercher Achille[1], ou plutôt le trépas,
Il demanda son fils, et le prit dans ses bras :
« Chère épouse, dit-il en essuyant mes larmes,
J'ignore quel succès le sort garde à mes armes,
Je te laisse mon fils pour gage de ma foi ;
S'il me perd, je prétends qu'il me retrouve en toi.
Si d'un heureux hymen[2] la mémoire t'est chère,
Montre au fils à quel point tu chérissais le père. »
Et je puis voir répandre un sang si précieux ?

1. Achille a tué Hector pendant la guerre de Troie.
2. Mariage.

Et je laisse avec lui périr tous ses aïeux ?
Roi barbare ! faut-il que mon crime l'entraîne ?
Si je te hais, est-il coupable de ma haine ?
T'a-t-il de tous les siens reproché le trépas ?
S'est-il plaint à tes yeux des maux qu'il ne sent pas ?
Mais cependant, mon fils, tu meurs, si je n'arrête
Le fer que le cruel tient levé sur ta tête.

III, 8.

Texte C – Euripide, *Les Troyennes* (415 avant J.C.)

À l'issue de la guerre de Troie, le jeune Astyanax est condamné à être jeté du haut des remparts tandis que sa mère Andromaque est devenue la captive du fils d'Achille.

ANDROMAQUE
Ô mon enfant, mon unique trésor,
Tu vas mourir de la main de nos ennemis,
Abandonnant ta mère infortunée.
Ce qui te fait périr, c'est l'héroïsme de ton père
Qui fut le salut de tant d'autres, non le tien !
Infortuné, l'hymen qui me fit entrer au palais d'Hector !
Était-ce pour fournir une victime aux Grecs
Que je souhaitais mettre au monde un fils ?
C'était pour qu'il régnât sur l'Asie et ses belles moissons.
Tu pleures, mon enfant ? Comprends-tu ton malheur ?
À quoi bon m'enserrer de tes bras, te suspendre à ma robe ?
Comme un oiseau te blottir sous mes ailes ?
Hector ne viendra pas avec sa glorieuse lance,
Ressuscitant du sol pour te sauver,
Pas plus que ceux de ton lignage, ou la puissance de Phrygiens.

Lancé d'en haut, impitoyablement, pour une chute affreuse
Qui brisera ta nuque, tu rendras le dernier soupir.
Ô corps de mon enfant, si doux à étreindre,
Ô suave odeur de ta peau ! c'est donc en vain
Que mon sein t'a nourri lorsque tu étais dans tes langes !
En vain, je me suis épuisée de peine et de tourment.
Donne ce baiser à ta mère ; ce sera le dernier.
Contre elle serre-toi, passe tes bras
Autour de mon cou, pose ta bouche sur ma bouche.
C'est vous, les Grecs, qui inventez des supplices barbares !
De quel droit tuez-vous cet enfant innocent ?

Vers 740- 794, © Les Belles lettres, trad. L. Parmentier, 1982.

Texte D – Sénèque, *Les Troyennes* (Ier siècle)

Sénèque s'inspire de la tragédie d'Euripide pour écrire sa version de l'histoire des captives troyennes.

ANDROMAQUE

Troyennes, troupe en deuil, pourquoi, cheveux détruits,
Frappant vos seins, tremper de pleurs vos tristes joues ?
Bien légers nos malheurs, s'ils supportent des larmes !
Troie est morte hier pour vous : voilà cent ans pour moi,
Quand, emballant son char, traîna l'atroce Achille
Tous mes membres. Grinçait affreusement l'essieu,
Le lourd essieu hurlait, tremblant du poids d'Hector.
Depuis, brisée, à terre, arrive un autre mal ?
Je reste – inerte, froide –, insensible et sans âme.
Oui, j'aurais fui les Grecs et suivi mon époux
Sans ce fils qui me tient, fils qui force mon cœur.

J'adresse encor pour lui quelque prière aux dieux.
Ce fils m'oblige à vivre et croît mon temps d'épreuve,
Car par lui de mes maux je perds le plus grand fruit :
Ne rien craindre. Au bonheur nulle place ne reste,
Mais l'horreur peut s'ouvrir une vaste carrière.
Trembler, l'espoir perdu, c'est la pire misère.

Vers 409-425, © La Différence, trad. J.-P. Chausserie-Laprée, 2008.

Sujet de bac (séries générales)

Questions *(4 pts)*

1. Peut-on définir Andromaque comme une héroïne tragique ?

2. D'où vient le tragique dans ces scènes ? Est-il de même nature et de même intensité dans chacun de ces extraits ?

Travaux d'écriture *(16 pts)*

■ **Commentaire :**

Vous ferez le commentaire du texte B.

■ **Dissertation :**

Qu'est-ce, selon vous, qu'un personnage tragique ? Vous répondrez à cette question en vous appuyant sur les textes du corpus et vos lectures personnelles.

■ **Invention :**

Imaginez qu'Hector, une fois mort, voit depuis les Enfers la scène dans laquelle son fils Astyanax est jeté des remparts. Écrivez, à la manière d'un auteur dramatique, la tirade qu'il pourrait prononcer.

Vase à figures rouges avec Neoptolème, Astyanax, Priam et Hélène de Troie (détail), IVe s. av. J.-C.,musée archéologique de la Villa Giulia, Rome.

Dossier central images en couleurs

Retour aux images

1 • Essayez de situer, dans la pièce, la scène photographiée sur chaque document. Les possibilités sont-elles nombreuses ?

Interprétations

L'âge d'Hector

2 • Les comédiens jouant Hector sont d'âge différent. Quel impact cela peut-il avoir sur l'interprétation de l'œuvre ?

3 • Comment vous êtes-vous imaginé Hector : jeune homme ou vieux général ? Justifiez votre réponse en ayant recours au texte.

Hector et les femmes

4 • Comment le couple Hector/Andromaque vous apparaît-il dans le document I ? Cette image reflète-t-elle l'idée que vous vous êtes faite de ce couple à la lecture de la pièce ? Comparez-la à celle du document IV : Andromaque est à gauche de l'image.

5 • D'après le document III, quel est le parti pris du metteur en scène concernant le personnage d'Hector ? Vous étudierez notamment son costume et sa posture face à Hélène.

Le général Hector

6 • Analysez les différents costumes d'Hector dans les documents. Sur quelles images Hector ressemble-t-il à un général ? Pourquoi, à votre avis, certains metteurs en scène ont-ils décidé de ne pas habiller Hector en général ?

7 • Document II : sachant qu'Hector est situé à droite sur l'image, dites en quoi la posture des personnages est signifiante. Que pouvez-vous dire par ailleurs du jeu des regards ?

Et vous ?

Écriture

Si vous deviez mettre en scène la pièce, quel type d'acteur choisiriez-vous pour interpréter Hector ? Vous rédigerez une note explicitant votre choix.

I

II

III

IV

Mise en scène de Louis Jouvet, 1935, théâtre de l'Athénée (avec L. Jouvet : Hector ; R. Falconetti : Andromaque)

Première représentation de la pièce, cette mise en scène est le fruit de la collaboration de Jouvet avec Giraudoux.

Mise en scène de Jean Vilar, 1963, au TNP et en Avignon (avec C. Minazzoli : Hélène ; P. Vaneck : Hector ; R. Etcheverry : Pâris).

« [L'un des sujets de la pièce,] c'est que peut-être les guerres ne dépendent pas entièrement de la volonté des hommes. Elles ne dépendent pas en tout cas, dit Giraudoux, de la volonté des dieux. » (J. Vilar).

Mise en scène de Nicolas Briançon 2006, festival d'Anjou (avec N. Briançon : Hector ; E. Mollien : Hélène).

Chaque année, au festival d'Anjou, une nouvelle création est présentée au public, puis reprise dans différents théâtres français. La mise en scène de *La Guerre de Troie n'aura pas lieu* en 2006 est dûe au directeur artistique du festival qui est aussi comédien, Nicolas Briançon.

Mise en scène de Francis Huster, 2013, festival d'Anjou (avec L. Masker : Andromaque ; F. Huster : Hector ; T. Huster : Polyxène et O. Cohen : Hécube.).

Francis Huster a écrit à propos de la pièce : « Jamais la pièce phare de Giraudoux, lui-même héros de la guerre de 1914-1918, dont on va fêter le centenaire atroce et sanglant, n'a été autant d'actualité. Qui, parmi nous, n'imagine pas le pire ? »

Un théâtre entre parole littéraire et représentaion scénique

Jean Vilar, qui l'a mise en scène en 1962 pour le festival d'Avignon, pensait que *La Guerre de Troie n'aura pas lieu* était une des grandes œuvres du théâtre français. Mettre en scène Giraudoux après Louis Jouvet ne sonne-t-il pas toujours comme un défi ? Par ailleurs, dans le texte de Giraudoux, ce qui semble le plus important, c'est la langue, délicate et subtile. On peut dès lors s'interroger sur la spécificité de ce théâtre giralducien, souvent qualifié de « littéraire » – et ce, de manière parfois péjorative.
Face à la parole littéraire de Giraudoux, quelle place donner au metteur en scène et au comédien ? Montrons comment le théâtre de Giraudoux, et bien entendu *La Guerre de Troie n'aura pas lieu*, oscillent entre parole littéraire et représentation scénique.

1 • Qu'entend Jacques Robichez par l'expression *non encore soumis à l'épreuve de la rampe* (texte 1, p. 145) ? Que semble impliquer ce terme d'*épreuve* ?

2 • Cherchez l'origine de l'expression *spectacle dans un fauteuil* (texte 1, p. 145) ; pensez-vous que *La Guerre de Troie n'aura pas lieu* puisse l'illustrer ?

3 • En 1891, Pierre Quillard écrit dans la *Revue d'art dramatique* : « La parole crée le décor comme le reste. » Jacques Robichez évoque, quant à lui, dans le texte 1 (p. 145), les « projets spécifiquement scéniques » contenus dans le texte. Illustrez ces deux remarques par des exemples tirés de la pièce.

4 • Pour Louis Jouvet, qu'est-ce qui importe en premier lieu au théâtre (texte 2, p. 145) ? Cela vous semble-t-il être le cas dans la pièce ?

5 • Expliquez les formules *pièces littéraires* et *littérateur* du texte 3, p. 146.

6 • Comment Jouvet et Giraudoux conçoivent-ils le comédien (textes 2 et 3, p. 145 et 146) ?

Texte 1 • Jacques Robichez, *Le Théâtre de Giraudoux*, 1976

Sans même tenir compte des cas très nombreux, et de plus en plus fréquents dans le déroulement de sa carrière, où Giraudoux s'est orienté vers une esthétique différente, sans croire non plus exactement autant qu'il croit, ou fait semblant, aux vertus de l'imparfait du subjonctif, on observe d'ailleurs que ces textes, non encore soumis à l'épreuve de la rampe, ont déjà leur relief propre. Ce *simple papier* est somptueusement enluminé. Certains auteurs ne se revèlent qu'à la représentation. Ce n'est pas le cas de Giraudoux. Son théâtre est, certes, mis en valeur par le spectacle, mais il pourrait rester « spectacle dans un fauteuil ». [...]

Mais il y a plus. L'imagination de Giraudoux ne fonctionne pas, quand il écrit une pièce, comme lorsqu'il écrit un roman. On verra le rôle que jouent alors les acteurs de la troupe de Jouvet. Quand le texte leur est lu pour la première fois, il contient déjà, en dehors de ce qu'il leur doit, un certain nombre de projets spécifiquement scéniques.

Texte 2 • Louis Jouvet, *Témoignages sur le théâtre*, 1952

Les personnages n'existent que dans les réparties, répliques, tirades ou discours que leur prêtent les poètes ; et le texte de théâtre est, en définitive, le seul dépôt sensible, la seule substance par quoi ils nous sont accessibles.

Un personnage n'existe que dans un texte, dans ces paroles qui sont ses sensations, ses sentiments et ses idées, comprimés dans des sons et des mots, paroles que le comédien profère.

Pour tous, comédiens, spectateurs, lecteurs, le point de départ ne peut être que la parole que le poète donne au personnage.

Le personnage est d'abord un texte.

Texte 3 • Jean Giraudoux, *L'Impromptu de Paris*, 1937

RENOIR. – Cher Monsieur Robineau, si à Paris le public a risqué de perdre la notion du théâtre, c'est-à-dire du plus grand des arts, c'est qu'un certain nombre d'hommes de théâtre ont prétendu ne faire appel qu'à sa facilité, et par suite à sa bassesse. Il s'agissait de plaire, par les moyens les plus communs et les plus vils. Comme la langue française, parlée et écrite correctement, résiste d'elle-même à ce chantage, et n'obéit qu'à ceux qu'elle estime, c'est contre elle qu'a été menée l'offensive, et c'est alors qu'on a trouvé pour les pièces où elle n'était ni insultée ni avachie un qualificatif qui équivalait, paraît-il, aux pires injures, celui de pièces littéraires.

BOVERIO. – Très vrai. Si dans votre œuvre vos personnages évitent cet aveulissement[1] du mot et du style, s'ils n'ont pas trop, pour expliquer leur pensée de toutes les nuances de notre grammaire et de notre langage, si dans leur bouche il y a des subjonctifs, des futurs conditionnels, des temps, des genres, c'est-à-dire, en somme s'ils ont de la courtoisie, de la volonté, de la délicatesse, s'ils utilisent le monologue, le récit, la prosopopée[2], l'invocation, c'est-à-dire s'ils sont inspirés, s'ils voient, s'ils croient, vous vous entendez dire aussitôt, avec politesse, mais avec quel mépris, que vous êtes non un homme de théâtre, mais un littérateur[3] !

BOGAR. – Vous avez beau lâcher sur la scène la terreur, la fatalité, les Érinyes[4], une vraie terreur, de vraies Érinyes : du fait qu'elles font leurs accords de participe, on vous dira que vous vous complaisez à des jeux d'esprit, à des subtilités de vocabulaire.

ADAM. – Vous avez beau, par la voix d'un jardinier, et une voix magnifique, la mienne, illuminer de la lumière la plus éclatante le chagrin de la solitude, de l'abandon, vous saurez, du fait qu'il monologue, que sa tirade est un tunnel.

1. Affaiblissement.
2. Figure de style consistant à faire parler les morts, les êtres surnaturels, les absents.
3. Auteur.
4. Dans la mythologie grecque, divinités persécutrices.

Bref, vous apprenez, pour votre gouverne, que si tous les domaines de l'activité en France, la banque, la Marine marchande, la coulisse, la mode, sont ouverts à la littérature, il en est au moins un dont l'entrée lui est interdite, le théâtre.

DASTÉ. – Que des directeurs aient cette conviction, cela peut encore s'expliquer. Ils administrent une entreprise, ils ont à la mener au succès et non au déficit, la parcimonie de l'État leur interdit d'être des éducateurs, des vestales de style, ou des philanthropes. Mais que certains critiques croient que la garde de notre langue soit réservée au théâtre français, qu'écrivains eux-mêmes, ils se congèlent ou s'irritent devant une pièce écrite et non parlée, et, avant d'entamer contre l'auteur un procès, dans lequel d'ailleurs ils peuvent avoir raison, ils ne prennent pas le soin d'indiquer aux lecteurs à quelle altitude se livre le tournoi, c'est ce qui est moins admissible, et lorsque, vaguement conscients de leur faute, ils vous disent pour s'excuser : quelle pièce ennuyeuse, mais que nous aurons de plaisir à la lire ! Ils sont eux-mêmes leurs propres juges, car cette phrase donne aux applaudissements qu'ils prodiguèrent la veille à une autre pièce son véritable sens : Quelle pièce admirable ! Que nous aurons de plaisir à ne pas la lire ! [...]

BOVERIO. – Voulez-vous me dire ce que serait le comédien, Monsieur, s'il avait un autre honneur que celui de la langue et du style ? Lui qui doit prononcer les mots les plus stupides et les plus gros, où serait son métier, s'il n'avait à dire aussi les plus nobles ? Où trouver la récompense et la raison de ces mimiques, de ces toux, de ces bégaiements sous lesquels il cacha cent soirs l'indigence d'un texte, sinon dans le rôle qui lui rend les modulations, les amplitudes, les silences du vrai langage, et où il n'a plus qu'à être la statue à peine animée de la parole ! Quel soufflet banal chez nous que les poumons d'un acteur, s'ils n'aspirent et n'expirent pas selon le rythme de Racine !

scène 3.

Dans *La guerre de Troie n'aura pas lieu*, Hector déploie une énergie impressionnante pour éviter la guerre ; de nombreuses paroles sont échangées jusqu'au « duo avant l'orchestre » où Hector affronte Ulysse. La pesée au début de la scène 13 de l'acte II est avant tout une pesée de mots dans la partie décisive qui se joue.
Après cette scène, tout semble se précipiter. Quand Demokos fait irruption à la scène suivante, Hector le frappe, le condamnant ainsi au silence : « Voilà pour ton chant de guerre ! » lui dit-il. Ensuite, c'est Oiax qui est contraint à se taire, dans un déluge de paroles mensongères ou non, désormais inefficaces.
Le débat est-il inutile face au déchaînement de la violence ? Les négociations internationales, apparemment, n'empêchent pas les conflits.
On peut désormais élargir la question au lien entre parole et violence.

1 • Comment comprenez-vous la formule *un manque de vocabulaire* attribuée à la violence par Gilles Vigneault (document 1, p. 149) ? Imaginez une situation concrète et actuelle dans laquelle un personnage serait amené à prononcer cette formule et à la justifier ; rédigez la scène sous la forme d'un dialogue entre deux interlocuteurs.

2 • Quel lien pouvez-vous établir entre la pièce et le passage en gras dans le document 1, p. 149 ?

3 • À quel personnage du texte de Giraudoux pensez-vous en lisant le document 2, p. 150 ? Sa parole fonctionne-t-elle comme un outil de paix ?

4 • Analysez le slogan de l'affiche de prévention contre la violence, p. 150. Partagez-vous le message lancé par cette affiche ? Justifiez votre réponse en un court paragraphe argumenté.

Document 1 • Michel Sasseville et Mathieu Gagnon, *Penser ensemble l'école*, 2012

« La violence », suggérait le poète Gilles Vigneault, « c'est un manque de vocabulaire ». « La violence », ajoutait-il, « a peur des mots ». Par là, Vigneault invite à voir que la parole, si elle est bien menée, peut être un puissant instrument de pacification. Combien de fois n'avons-nous pas entendu l'expression : le dialogue est rompu, signe d'un conflit à l'horizon. Au contraire, lorsque le dialogue est présent, on estime que les choses vont peut-être s'arranger. Pourquoi ? Pourquoi le dialogue, et en quoi le dialogue philosophique pourrait-il être un instrument permettant de prévenir la violence ? [...]

La pratique du dialogue délibératif dans une communauté de recherche offre aux enfants la possibilité d'entrevoir une alternative à la violence. Elle leur permet de voir qu'une société pacifique n'est pas une société passive. **Car le dialogue ne se termine pas avec la venue de la paix. Bien au contraire, la continuation du dialogue permet d'assurer que les conditions de tranquillité auxquelles on arrive seront maintenues.** [...]

La paix n'est pas seulement un état, mais aussi et surtout une action, un geste à poser et à reposer.

Document 2 • ONU, *L'ONU en bref : ce que l'ONU fait pour la paix*

Le rétablissement de la paix

L'ONU met en œuvre des moyens diplomatiques pour rétablir la paix en amenant les parties à un conflit à s'entendre. Dans le cadre des efforts qu'il déploie pour maintenir la paix et la sécurité internationales, le Conseil de sécurité peut, par exemple, recommander aux parties d'emprunter la voie de la négociation ou encore de recourir à la Cour internationale de Justice pour éviter un conflit, rétablir la paix ou encore parvenir à la paix.

Le Secrétaire général joue, lui aussi, un rôle important dans le domaine du maintien de la paix. Il peut attirer l'attention du Conseil de sécurité sur toute affaire qui, à son avis, pourrait mettre en danger la paix et la sécurité internationales. Il peut user de ses bons offices en tant que médiateur ou recourir à la diplomatie discrète dans les coulisses, soit personnellement, soit par l'intermédiaire d'envoyés spéciaux. Le Secrétaire général recourt également à la diplomatie préventive dont l'objet est de régler les différends avant qu'ils ne dégénèrent.

www.un.org

Document 3 • Région Île de France, Campagne de prévention contre la violence envers les jeunes, 2011

Rencontre avec

Tiphaine Karsenti, Maître de conférences

Maître de conférences en études théâtrales à l'université Paris-Ouest Nanterre La Défense, Tiphaine Karsenti est spécialiste du théâtre d'Ancien Régime et s'intéresse également à la réception du théâtre antique, du tragique et de la tragédie sur la scène contemporaine. En 2012, elle a publié *La guerre de Troie dans le théâtre français (1562-1715)*.

▸ ***Vous avez écrit un ouvrage sur le mythe de Troie dans le théâtre français (1562-1715), pourriez-vous expliquer en quoi la matière troyenne a intéressé les auteurs de théâtre de cette époque ?***

Cette période est d'abord marquée par l'important traumatisme que furent les guerres de religion en France (1562-1598). Au XVIe siècle, c'est ainsi surtout le point de vue troyen, celui des victimes de la guerre, qui est adopté dans les tragédies. Dans sa *Troade* de 1579, par exemple, le dramaturge Robert Garnier propose aux spectateurs de vivre, avec les captives troyennes, un rituel de consolation collective. D'autres auteurs, comme Nicolas Filleul dans son *Achille* de 1563, mettent en jeu les questions politiques posées par le conflit civil : faut-il ou non accepter de pactiser avec l'ennemi pour faire la paix ? Sous le règne de Louis XIII, on observe un déplacement du point de vue : c'est dans le camp des Grecs que se situe l'action de la plupart des tragédies troyennes. Le monarque, aidé de son cardinal-ministre, Richelieu, cherche à soumettre la noblesse à son autorité. Cette dernière est en effet mécontente de se voir privée du pouvoir qu'elle exerçait à l'époque féodale. Dans les tragédies troyennes, on met en jeu des conflits, au sein du camp des vainqueurs, entre les chefs et les héros, en particulier Achille et Agamemnon.

Sous Louis XIV enfin, quand la monarchie se fait absolue, la tragédie ne traite plus de questions politiques mais se concentre sur les passions des individus : les jeunes Troyens, susceptibles de figurer des amoureux, sont privilégiés, comme dans *Andromaque* de Racine (1667).

▸ Comment le personnage d'Hélène y est-il traité ? Que pensez-vous de l'Hélène de Giraudoux ?

Hélène est très peu présente dans la tragédie des XVIe et XVIIe siècles, car la tradition en fait un personnage peu adapté aux conceptions dramatiques de l'époque classique. D'une part, sa destinée, après la guerre de Troie, est mal établie par les récits mythographiques. D'autre part, elle n'agit plus après avoir déclenché la guerre, ce qui la rend peu utile pour une action dramatique. Enfin, son caractère est paradoxal : cause des plus grands malheurs, elle parle pourtant comme une femme honnête et vertueuse dans l'*Iliade*, par exemple. Chez Homère, l'influence des dieux justifie cette apparente contradiction entre les paroles et les actes d'Hélène. Mais dans l'univers chrétien, on ne peut concevoir un tel écart, qui est interprété comme de l'inconstance, principe inacceptable dans le cadre des règles inspirées de la *Poétique* d'Aristote, qui structurent alors la théorie dramatique.

Giraudoux a, au contraire, exploité ces dimensions anti-aristotéliciennes du personnage pour en faire une figure résolument moderne. Passive, sans impact sur les événements, Hélène n'a pas de « caractère » au sens aristotélicien : elle est tout instinct et ne ressent aucun sentiment, ne semble dotée d'aucun trait moral spécifique. Elle n'a pas non plus de fonction spécifique au sein de la narration, puisqu'elle n'est ni la cause de la guerre (les motivations des Grecs sont économiques), ni instrument des dieux dont le dessein est incompréhensible. Elle se contente de jouir et de sentir, sans penser ou interpréter.

▸ *Qu'est-ce qui, à votre avis, peut engager un auteur de théâtre à réécrire un mythe antique ?*

La plasticité et la polysémie des mythes permettent de renouveler infiniment leurs utilisations et leurs significations. Nombreux sont les auteurs contemporains qui font référence à la mythologie antique quand ils parlent de leur écriture ou de leur travail scénique. Je pense en particulier à Wajdi Mouawad qui, dans *Forêts* en particulier, reprend les structures narratives des mythes gréco-romains pour raconter la généalogie d'une adolescente d'aujourd'hui. Julie Deliquet, metteur en scène du collectif *In Vitro*, annonce également que leur prochaine création collective, *Catherine et Christian (fin de partie)*, devrait évoluer vers le mythe.

Cet attrait pour les structures et les motifs mythiques chez les dramaturges et créateurs contemporains vient notamment de la difficulté qu'il y a à figurer une observation ou une réflexion psychologique ou politique sans tomber dans un réalisme plat. Le détour par le mythe est l'un des moyens possibles pour élever le propos et la forme. La dimension hyperbolique des événements mythologiques grossit les images et leurs effets, tout en conférant au propos une dimension archétypale ou universelle. Par ailleurs, le déplacement ainsi opéré ouvre un espace poétique dont les artistes peuvent s'emparer pour inventer des images, des rythmes, des effets sonores et provoquer chez les spectateurs des réactions à la fois sensibles et intellectuelles.

▸ Jouvet écrivait : « Le personnage est d'abord un texte ». Êtes-vous d'accord avec cette affirmation ?

Jouvet évoque ici le travail de l'acteur et sa relation au personnage. Il s'agit pour lui de s'attaquer au modèle naturaliste, celui qu'il désigne comme le théâtre des « tranches de vie », défendu notamment par l'acteur et pédagogue russe Stanislavski. Ce dernier proposait aux apprentis comédiens d'imaginer le sous-texte de chaque personnage, en lui construisant un passé, des souvenirs, et en justifiant psychologiquement chacune de ses prises de parole. À l'opposé de cette méthode, Jouvet défend un « théâtre d'art », qui assume et revendique sa part de convention, à la manière des classiques. La magie, la poésie et la dimension spirituelle du théâtre réclament selon lui un écart par rapport à la simple réalité. Il demande ainsi à l'acteur de ne travailler que sur le texte, en cherchant à retrouver sa respiration, son rythme, autrement dit une sensation physique, qui fut aussi celle de l'auteur au moment où il composait son œuvre. C'est cette transmission d'une sensation de l'auteur à l'acteur, puis au spectateur, qui constitue le cœur du mécanisme théâtral pour Jouvet : « Tout commence par une exigence respiratoire, une disposition nerveuse, une tension sanguine, où le corps est impliqué et concerné, où l'être entier de l'acteur doit organiser et loger en lui le texte et ses répliques afin de pouvoir organiser, ensuite, la prononciation et l'offrande », écrit-il dans ses *Témoignages sur le théâtre* (1952). L'acteur ne doit pas « jouer » le texte, mais se contenter de le « dire ».

Vase grec, en haut : Mercure et Isis messagers des dieux ; en bas : Mort d'Astyanax, Talthybius a rapporté le corps d'Astyanax dans le bouclier d'Hector à Hécube, sa grand-mère, qui est maintenant esclave d'Ulysse.

Lire

- **Henri Barbusse, *Le Feu*, 1916**

  Le journal d'une escouade pendant la Première Guerre mondiale.

- **Roland Dorgelès, *Les Croix de bois*, 1919**

  Dorgelès, engagé volontaire, nous livre un témoignage exceptionnel sur la Grande Guerre, la vie des tranchées, avec un réalisme parfois terrible mais aussi une généreuse humanité.

- **Erich Maria Remarque, *À l'Ouest rien de nouveau*, 1929**

  La guerre vue par un jeune soldat volontaire allemand sur le front ouest.

- **Louis-Ferdinand Céline, *Voyage au bout de la nuit*, 1932**

  Ce premier roman de Céline est surtout connu pour son style, imité de la langue parlée et teinté d'argot. Derrière le personnage principal Ferdinand Bardamu, c'est l'auteur qui prend une conscience aiguë de l'absurdité du monde.

- **Jean Cocteau, *La Machine infernale*, 1932**

  *Une revisitation d'*Œdipe roi *de Sophocle.*

- **Jean Giraudoux, *Électre*, 1937**

  Agamemnon a sacrifié sa première fille, Iphigénie. Il sera assassiné par son épouse Clytemnestre à son retour de la guerre de Troie. Mais il reste Électre…

- **Jean Anouilh, *Antigone*, 1944**

  Représentée pour la première fois à Paris sous l'Occupation allemande, cette pièce revisite le mythe antique et l'éclaire de la lumière tragique de la Seconde Guerre mondiale.

• **Robert Merle, *La Mort est mon métier*, 1952**

Un ouvrage sur la découverte des camps de concentration pendant la Seconde Guerre mondiale.

Voir

• **Jean Renoir, *La Grande illusion*, 1937**

Un chef d'œuvre du cinéma. À voir absolument.

• **Charlie Chaplin, *Le Dictateur*, 1940**

Une satire du régime nazi, réalisée avant l'entrée en guerre des États-Unis.

• **Stanley Kubrick, *Les Sentiers de la gloire*, 1957**

Un classique du film de guerre.

• **Wolfgang Petersen, *Troie*, 2004**

Un péplum hollywoodien mettant en scène Brad Pitt en Achille.

• **Christian Carion, *Joyeux Noël*, 2005**

Dans le tourbillon des millions de morts de la guerre de 1914-1918, Noël, en cette année 1914, installe une trêve inattendue et singulière entre les ennemis.

• **Volker Schlöndorff, *Diplomatie*, 2014**

Dans la nuit du 24 au 25 août 1944, le général von Choltitz s'apprête à faire sauter la ville de Paris sur ordre de Hitler. Nordling, un consul suédois, rencontre le général à l'hôtel Meurice pour tenter de le dissuader d'exécuter cet ordre.

Table des illustrations

Couverture : Carte postale publicitaire pour un peplum allemand sur la guerre de Troie, réalisé en 1924. Illustration de Volckers, © KHARBINE-TAPABOR/Collection IM

4 : Photographie de Jean Giraudoux, BIS/Ph. Archives Lipnitzki © Archives Larbor.

8 : Anonyme, *Rideau de scène* ; BIS/Ph. © Archives Larbor.

11 : Gustave Moreau (1826-1898), *Hélène sous les remparts de Troie*, aquarelle (36,7 x 17 cm), musée du Louvre, Paris ; BIS/Ph. Hubert Josse © Archives Larbor.

28 : Leemage/SuperStock.

52 : Artcomart/Victor Tonelli.

76 : © Sébastien Aubinaud.

108 : BIS/Ph. Coll. Archives Sejer.

109 : Edward Coley Burnes-Jones (1833-1898), *Les Larmes d'Hélène*, 1905, gouache sur papier (25 x 31 cm), coll. privée, Bridgeman Image/collection privée.

111 : BIS/Ph. © Archives Larbor.

125 : Artcomart/Christian Ganet.

141 : © akg/De Agostini Pict.Lib.

150 : AILLEURS/Exactement/photo Christophe Guillon.

155 : © Leemage.

I et 143 g : Roger-Viollet/© Studio Lipnitski ;

II et 143 mg : BIS / Ph. © Lipnitzki / Archives Larbor ;

III et 143 md : Artcomart /Victor Tonelli ;

IV et 143 d : © Sébastien Aubinaud ;

Conception graphique : Julie Lannes
Design de couverture : Denis Hoch
Recherche iconographique : Gaëlle Mary
Mise en page : Linéale
Édition : Valérie Antoni

COLLÈGE

LYCÉE

85. **Apollinaire**, *Alcools*
33. **Balzac**, *Gobseck*
60. **Balzac**, *L'Auberge rouge*
47. **Balzac**, *La Duchesse de Langeais*
18. **Balzac**, *Le Chef-d'œuvre inconnu*
72. **Balzac**, *Pierre Grassou*
32. **Beaumarchais**, *Le Mariage de Figaro*
20. **Corneille**, *Le Cid*
78. **Corneille**, *Médée*
56. **Flaubert**, *Un cœur simple*
77. **Hugo**, *Pauca Meae*
49. **Hugo**, *Ruy Blas*
57. **Marivaux**, *Les Acteurs de bonne foi*
48. **Marivaux**, *L'Île des esclaves*
19. **Maupassant**, *La Maison Tellier*
69. **Maupassant**, *Une Partie de campagne*
55. **Molière**, *Amphitryon*
15. **Molière**, *Dom Juan*
79. **Molière**, *Le Misanthrope*
35. **Molière**, *Le Tartuffe*
63. **Musset**, *Les Caprices de Marianne*
14. **Musset**, *On ne badine pas avec l'amour*
46. **Racine**, *Andromaque*
66. **Racine**, *Britannicus*
30. **Racine**, *Phèdre*
13. **Rimbaud**, *Illuminations*
50. **Verlaine**, *Fêtes galantes, Romances sans paroles*
45. **Voltaire**, *Candide*
17. **Voltaire**, *Micromégas*
88. **Voltaire**, *Zadig*
31. *L'Encyclopédie* (anthologie)
75. *L'Homme en débat au* XVIII*e siècle* (anthologie)
82. *Nouvelles réalistes et naturalistes*

BTS

89. *Ces objets qui nous envahissent : objets cultes, culte des objets* (anthologie)

FSC
www.fsc.org
MIXTE
Papier issu de sources responsables
FSC® C022030

Impression & brochage SEPEC - France
Numéro d'impression : 06601141210 - Dépôt légal : décembre 2014
Numéro de projet : 10208714